全国监理工程师职业资格考试红宝书

U0807069

# 建设工程投资控制（土木建筑工程）历年真题解析及预测（2024）

主　编　左红军
副主编　叶虎翼

机械工业出版社

本书以监理工程师职业资格考试建设工程投资控制（土木建筑工程）考试大纲及其配套教材为纲领，以现行法律法规、标准规范为依据，以经典真题为载体，以考点为框架，通过对经典真题与考点的筛选、解析，让考生能便利地抓住应试要点，并通过经典题目将考点激活，从而解决了死记硬背的问题，真正做到“三度”。

“广度”——考试范围的锁定，本书通过对考试大纲及命题考查范围的把控，确保覆盖90%以上考点。

“深度”——考试要求的把握，本书通过对历年真题及命题考查要求的解析，确保内容的难易程度适宜，与考试要求契合。

“速度”——学习效率的提高，本书通过对经典真题及命题考查热点的筛选，确保重点突出常考内容，精确锁定非常规考点，提高学习效率。

本书适合2024年参加监理工程师职业资格考试（土木建筑工程）的考生参考使用。

**图书在版编目（CIP）数据**

建设工程投资控制（土木建筑工程）历年真题解析及预测.2024/左红军主编.—3版.—北京：机械工业出版社，2023.12

全国监理工程师职业资格考试红宝书

ISBN 978-7-111-74346-0

Ⅰ.①建… Ⅱ.①左… Ⅲ.①基本建设投资-控制-资格考试-题解

Ⅳ.①F283-44

中国国家版本馆CIP数据核字（2023）第227434号

机械工业出版社（北京市百万庄大街22号 邮政编码100037）

策划编辑：汤 攀 责任编辑：汤 攀 张大勇

责任校对：郑 婕 王 延 封面设计：马精明

责任印制：单爱军

北京虎彩文化传播有限公司印刷

2024年2月第3版第1次印刷

184mm×260mm·9.5印张·207千字

标准书号：ISBN 978-7-111-74346-0

定价：59.00元

| 电话服务 | 网络服务 |
|---|---|
| 客服电话：010-88361066 | 机 工 官 网：www.cmpbook.com |
| 010-88379833 | 机 工 官 博：weibo.com/cmp1952 |
| 010-68326294 | 金 书 网：www.golden-book.com |
| **封底无防伪标均为盗版** | 机工教育服务网：www.cmpedu.com |

# 本书编审委员会

主　　编：左红军

副 主 编：叶虎翼

编写人员：左红军　叶虎翼　谢　威　李芬香　刘树仁
王嘉媛　程　洋　李　爽　郝云飞　周　健
叶宇潜　黄　鑫　龙　康　娄　卫　董天翮
李泽冰　谢钊茂

# 前　　言
## ——38 分导学

监理工程师考试“目标控制”考试共 120 道题、160 分，包括单项选择题 80 个、多项选择题 40 个；考试时间 180 分钟，平均每题用时 1.5 分钟（含涂答题卡时间）。

其中“建设工程投资控制”（简称“投资控制”）约占“三控”题量的 30%；通常情况下，单选 24 题（序号 33～56），多选 12 题（序号 97～108），总分为 48 分。

历年真题是监理工程师考试各科目命题的风向标，也是考生复习最重要的备考资料之一，在经过搭建框架、填充细节、反复锤炼三步程序之后，对历年真题精练 3 遍，“投资控制”38 分（29 分及格，另外 9 分为保险分）就能稳稳获得！所以，历年真题精解是考生应试的必备资料。

另外，2020 年本科目考试大纲和考试用书进行了一定幅度的调整和改动，延续了以前老版考试用书的整体框架，但新增了建设工程项目投融资、建设工程决策阶段投资控制等章节。本书从历年真题中精选了新版教材保留的部分知识点，同时按照真题考查的角度，针对变动和新增的知识点，精心编制了预测题，新旧结合，助力通关。

### 一、政策导向

2020 年 2 月 28 日，住房和城乡建设部、交通运输部、水利部、人力资源和社会保障部联合印发了《监理工程师职业资格制度规定》和《监理工程师职业资格考试实施办法》。

此次监理制度改革，旨在贯彻落实国务院“放管服”改革要求，加快建立公开、科学、规范的职业资格制度，持续激发市场主体创造活力。因此，最新颁布的职业资格制度及职业资格考试办法，优化了报考条件，调整和细化了考试的科目设置、命题阅卷等内容；延长了考试成绩有效期（由 2 年一个周期调整为 4 年一个周期）；放宽了考试报名条件（取消“取得中级职称并任职满 3 年”的要求），降低了大学毕业后报考年限，并规定取得监理工程师职业资格可认定其具备中级职称。

### 二、框架梳理

作为考试科目的重头戏——“目标控制”这张考卷所涵盖的知识面很广、维度很多、分值也很大。其中“投资控制”占整个“目标控制”总分值的 30% 左右。根据教材的知识内容和历年考点分布情况，本科目的特点为：知识面广，考点分散，各章节分值分布比较均匀，考查深度较浅。在复习的过程中应面面俱到，但不必深究。当然本科目中很多知识是

"建设工程监理案例分析"的基础，因此我们将"投资控制"分为两大部分。

**第一部分："纯选择题考点"**

包括"第一章：建设工程投资控制概述""第二章：建设工程投资构成""第三章：建设工程项目投融资""第四章：建设工程决策阶段的投资控制"以及"第五章：建设工程设计阶段的投资控制"。从历年考试情况来看，占"投资控制"总分的55%左右。

此部分，应"以历年真题为主线，以客观试题为主打，以高频考点为标准，以偏题怪题为例外"。

第一章：建设工程投资控制概述

本章每年占3分左右，其考点明确，历年考试分值波动较小，属于高确定性的章节。可通过习题练习将分数稳稳拿到手。

第二章：建设工程投资构成

本章为重点章节，每年占10分左右，内容为建设工程造价活动的基础，是本书最基础的章节，记忆性内容较多，应当建立框架，通过习题练习完善细节。

第三章：建设工程项目投融资

本章为2020年新增章节，这是整个"投资控制"中性价比最低的一章。内容繁杂，难度最大，建议不要投入过多精力，抓大放小，平时可以不用看，冲刺前将相关考点突击复习一遍即可。

第四章：建设工程决策阶段的投资控制

本章为2020年考纲新增章节，占8分左右，内容分为可行性研究、投资估算、财务分析评价，难度较大，应当注重理解，通过习题练习重点掌握资金时间价值的有关计算和财务分析的指标概念、特点、计算、判别等内容。

第五章：建设工程设计阶段的投资控制

本章每年占7分左右，重点介绍了价值工程和概预算，难度较大，应当注重理解，重点掌握价值工程的理论和方法，概预算的组成、编制和审查方法。

**第二部分："案例相关考点"**

包括"第六章：建设工程招标阶段的投资控制"和"第七章：建设工程施工阶段的投资控制"，从历年考试情况来看，占"投资控制"总分的45%左右。

此部分内容应当以现行《建设工程工程量清单计价规范》GB 50500为依据，以"招标→投标→签订合同→工程计量及支付→合同价款调整→竣工结算"为主线，以客观题和计算题为主要题型，形成自己的体系。

第六章：建设工程招标阶段的投资控制

本章每年占8分左右，主要为工程量清单计价基础性知识，包括工程量清单的编制、招标控制价的编制、投标报价的审查、合同计价方式等相关内容。

第七章：建设工程施工阶段的投资控制

本章每年占13分左右，主要为清单计价规范与合同示范文本的结合与运用，包括工程计量、合同价款的变更（包括变更和索赔）、期中价款的支付、竣工结算价款的支付及投资偏差分析等内容。

上述内容除了应当从本科目考查的要求角度掌握外，还应当结合“建设工程监理案例分析”的相关习题，如网络与索赔的结合、价款和结算款的计算等，体系化地掌握本部分知识。

本书紧扣新考试大纲和考试用书，在历年真题的基础上，还编制了预测题，针对重点、难点、考点做了详尽的解析，并且“以点带面”，对题目涉及的相关考点、知识体系也做了详细阐述。

## 三、超值服务

凡购买本书的考生，可免费获得以下增值服务。

（1）红宝书备考交流群：群内定期更新不同备考阶段精品资料、课程、指导，请扫描微信群二维码加入。

（2）2024 年全章节高频考点习题精讲课及配套讲义（电子版），由左红军师资团队根据历年高频考点、最新考试方向精心录制，涵盖全章节核心考点，让您无死角全面掌握书中的考点。

（3）2024 年最新备考资料：2024 年备考导学课视频、2024 年全阶段备考白皮书”（电子版）及相关的试题等。

（4）1 对 1 伴学顾问：给您持续发送最新备考资料、第一时间更新最新考前动态、辅助制定备考计划、监督学习进度等。

编　者

# 目　录

# 第一章 建设工程投资控制概述

## 第一节 建设工程项目投资的概念和特点

### 一、历年真题、预测题及解析

1. **【2021 年真题】** 选择建设工程设计方案和进行初步设计时，应以（　　）作为投资控制的目标。

A. 投资估算　　B. 设计概算　　C. 施工图预算　　D. 施工预算

**【解析】** 投资估算应是建设工程设计方案选择和进行初步设计的投资控制目标；设计概算应是进行技术设计和施工图设计的投资控制目标；施工图预算或建安工程承包合同价则应是施工阶段投资控制的目标。

**【相关考点】** 见本节习题 2。

2. **【2016 年真题】** 建设工程项目初步设计一般依据（　　）编制相应的经济文件。

A. 估算指标　　B. 概算指标　　C. 概算定额　　D. 预算定额

**【解析】** 初步设计的依据是概算指标。

**【相关考点】** 见下表。

建设工程全过程造价

| 决策阶段 | 设计阶段 | | | 招标投标（发、承包）阶段 | 施工阶段 | 竣工阶段 |
| --- | --- | --- | --- | --- | --- | --- |
| | 初步 | 技术 | 施工图 | | | |
| 投资估算 | 设计概算 | 修正概算 | 预算 | 合同价款（控制价、报价） | 预付、进度款 | 合同结算 |
| 估算指标 | 概算指标 | 概算定额 | 预算定额 | 工程量清单及已标价工程量清单（预算） | | |
| ①总投资的估算<br>②方案的经济评价和财务分析（建设单位或咨询单位） | ①三级概算的编制<br>②设计概算的报批（设计单位编，建设单位报） | | 三级预算的编制（设计单位） | ①工程量清单和最高投标限价的编制（建设单位）<br>②已标价工程量清单的编制（施工单位） | ①工程计量<br>②合同价款的调整<br>③进度款的计算 | 合同价款的结算 |

总结：由左往右。

（1）监理的投资控制过程是由前往后。

（2）造价文件：前面控制后面，前面是后面的控制目标。

（3）定额：后面是前面编制的基础，前面控制后面的编制水平。

3. **【2016 年真题】** 建设工程项目技术设计和施工图设计应依据（　　）设置投资控制目标。

A. 投资估算　　B. 设计概算

C. 施工图预算　　D. 工程量清单

**【解析】** 投资估算应是建设工程设计方案选择和进行初步设计的投资控制目标；设计概算应是进行技术设计和施工图设计的投资控制目标。

**【相关考点】** 见本节习题 2。

4. **【2013 年真题】** 编制工程概算定额的基础是（　　）。

A. 估算指标　　B. 概算指标

C. 预算指标　　D. 预算定额

**【解析】** 预算定额是概算定额（指标）编制的基础，也可作为制订招标工程标底、企业定额和投标报价的基础。

**【相关考点】** 见本节习题 2。

5. **【2022 年补考真题】** 下列措施中属于项目监理机构在施工阶段投资控制的组织措施的是（　　）。

A. 编制工作流程图　　B. 编制资金使用计划

C. 严格控制设计变更　　D. 参与处理索赔事宜

**【解析】** 组织措施包括编制本阶段投资控制工作计划和详细的工作流程图。选项 B 为经济措施、选项 C 为技术措施、选项 D 为合同措施。

6. **【2012 年真题】** 投资估算是（　　）的投资控制目标。

A. 技术文件　　B. 设计方案选择

C. 初步设计　　D. 施工图设计

E. 承包合同价

**【解析】** 投资估算应是建设工程设计方案选择和进行初步设计的投资控制目标。

**【相关考点】** 见本节习题 2。

7. **【预测题】** 预算定额是概算定额（指标）编制的基础，概算定额（指标）又是估算指标编制的基础。这些都说明了建设工程项目（　　）。

A. 数额巨大　　B. 差异明显

C. 单独计算　　D. 确定依据复杂

**【解析】** 建设工程项目投资的确定依据繁多、关系复杂。在不同的建设阶段有不同的确定依据，且互为基础和指导，互相影响。如预算定额是概算定额（指标）编制的基础，概算定额（指标）又是估算指标编制的基础；反过来，估算指标又控制概算定额（指标）的水平，概算定额（指标）又控制预算定额的水平。这些都说明了建设工程项目投资的确定依据繁多、关系复杂的特点。

**【相关考点】** 见下表。

**建设工程项目投资的特点**

| | |
|---|---|
| 建设工程项目投资数额巨大 | 建设工程项目投资数额巨大的特点使其关系到国家、行业或地区的重大经济利益，对国计民生也会产生重大的影响。从这一点也看出了建设工程投资管理的重要意义 |
| 建设工程项目投资差异明显 | 每个建设工程项目都有其特定的用途、功能、规模，每项工程的结构、空间分割、设备配置和内外装饰都有不同的要求，工程内容和实物形态都有其差异性。同样的工程处于不同的地区或不同的时段在人工、材料、机械消耗上也有差异 |
| 建设工程项目投资需单独计算 | 建设工程项目只能通过特殊的程序（编制估算、概算、预算、合同价、结算价及最后确定竣工决算等），就每个项目单独计算其投资 |
| 建设工程项目投资确定依据复杂 | 预算定额是概算定额（指标）编制的基础，概算定额（指标）又是估算指标编制的基础；反过来，估算指标又控制概算定额（指标）的水平，概算定额（指标）又控制预算定额的水平 |
| 建设工程项目投资确定层次繁多 | 建设工程项目→单项工程（独立设计文件、独立发挥生产能力或效益）→单位工程（独立施工）→分部工程（不同工具和材料完成）→分项（施工方法、构造和规格） |
| 建设工程项目投资需动态跟踪调整 | 每个建设工程项目从立项到竣工都有一个较长的建设期，在此期间都会出现一些不可预料的变化因素，对建设工程项目投资产生影响。如工程设计变更，设备、材料、人工价格变化，国家利率、汇率调整，因不可抗力出现或因发包方、承包方原因造成的索赔事件出现等，必然要引起建设工程项目投资的变动 |

8. **【预测题】** 建设工程项目投资的特点不包括（　　）。

A. 建设工程项目投资数额巨大　　B. 建设工程项目投资确定依据简单

C. 建设工程项目投资确定层次繁多　　D. 建设工程项目投资不需单独计算

E. 建设工程项目投资需动态跟踪调整

**【解析】** 建设工程项目投资确定依据复杂，需要单独计算，故选项 B、D 不是建设工程项目投资的特点。

**【相关考点】** 见本节习题 7。

## 二、参考答案

| 题号 | 1 | 2 | 3 | 4 | 5 | 6 | 7 | 8 |
|---|---|---|---|---|---|---|---|---|
| 答案 | A | B | B | D | A | BC | D | BD |

# 第二节　建设工程投资控制原理

## 一、历年真题及解析

1. 【2022 年真题】下列建设工程投资控制措施中，属于技术措施的是（　　）。

A. 明确各管理部门投资控制职责　　B. 安排专人负责投资控制

C. 组织设计方案评审和优化　　D. 在合同中订立成本节超奖罚条款

【解析】选项 A、B 为组织措施，选项 D 为合同措施。

【相关考点】见本节习题 2。

2. 【2018 年真题】项目监理机构在施工阶段控制投资采取的措施中，属于经济措施的是（　　）。

A. 控制设计变更　　B. 编制资金使用计划

C. 编制投资控制工作计划　　D. 优化设计节约投资

【解析】在施工阶段可以采取的措施中，选项 A 属于技术措施；选项 C 属于组织措施；选项 D 属于技术措施。

【相关考点】见下表。

投资控制的措施

| | |
|---|---|
| 组织措施<br>（与人有关“组织论”） | ①落实人员、任务分工和职能分工<br>②编制工作计划和详细工作流程图 |
| 经济措施<br>（投资价款动态管） | ①编制资金使用计划，分解投资控制目标，进行风险分析，制订防范对策<br>②进行投资动态跟踪控制<br>③对投资支出做好分析与预测，定期提交报告<br>④进行工程计量、复核工程付款账单、签发付款证书、协商确定工程变更价款、审核竣工结算 |
| 技术措施<br>（设计方案要分析） | ①审核承包人的施工组织设计，对施工方案进行经济技术分析<br>②严格控制设计变更<br>③寻找通过设计挖掘节约投资的可能性 |
| 合同措施 | ①做好施工记录，收集保存索赔依据<br>②参与合同修改、补充工作 |

3. 【2016 年真题】监理工程师在施工阶段进行投资控制的经济措施有（　　）。

A. 分解投资控制目标　　B. 进行工程计量

C. 严格控制设计变更　　D. 审查施工组织设计

E. 审核竣工结算

【解析】选项 C、D 为技术措施。

【相关考点】见本节习题 2。

4.【**2014年真题**】下列项目监理机构施工阶段投资控制的措施中，属于技术措施的是（　　）。

A. 审核承包人编制的施工组织设计　　B. 复核工程付款账单，签发付款证书

C. 审核竣工结算　　D. 编制施工阶段投资控制工作计划

【**解析**】选项B、C属于经济措施，选项D属于组织措施。

【**相关考点**】见本节习题2。

5.【**2013年真题**】下列措施中，属于投资控制组织措施的是（　　）。

A. 编制投资控制工作流程　　B. 参与合同修改

C. 审核竣工结算　　D. 对施工方案进行经济技术分析

【**解析**】施工阶段投资控制的组织措施：①在项目管理班子中落实从投资控制角度进行施工跟踪的人员、任务分工和职能分工；②编制本阶段投资控制工作计划和详细的工程流程图。故选项A正确；选项B为合同措施，选项C为经济措施，选项D为技术措施。

【**相关考点**】见本节习题2。

6.【**2011年真题**】建设项目投资决策后，投资控制的关键阶段是（　　）。

A. 设计阶段　　B. 施工招标阶段

C. 施工阶段　　D. 竣工阶段

【**解析**】项目投资控制的重点在于施工以前的投资决策和设计阶段，而在项目做出投资决策后，控制项目投资的决策关键就在于设计。

## 二、参考答案

| 题号 | 1 | 2 | 3 | 4 | 5 | 6 |
| --- | --- | --- | --- | --- | --- | --- |
| 答案 | C | B | ABE | A | A | A |

# 第三节　建设工程投资控制的主要任务

## 一、历年真题及解析

1.【**2021年真题**】项目监理机构处理施工单位提出的工程变更费用时，正确的做法有（　　）。

A. 自主评估工程变更费用

B. 组织建设单位、施工单位协商确定工程变更费用

C. 根据工程变更引起的费用和工期变化变更施工合同

D. 变更实施前，与建设单位、施工单位协商确定工程变更的计价原则、方法

E. 建设单位与施工单位未能就工程变更费用达成协议时，自主确定一个价格作为最终结算的依据

【解析】项目监理机构处理施工单位提出的工程变更费用：

（1）总监理工程师组织专业监理工程师对工程变更费用及工期影响做出评估。

（2）总监理工程师组织建设单位、施工单位等共同协商确定工程变更费用及工期变化，会签工程变更单。

（3）项目监理机构可在工程变更实施前与建设单位、施工单位等协商确定工程变更的计价原则、计价方法或价款。

（4）建设单位与施工单位未能就工程变更费用达成协议时，项目监理机构可提出一个暂定价格并经建设单位同意，作为临时支付工程款的依据。工程变更款项最终结算时，应以建设单位与施工单位达成的协议为依据。

【相关考点】

施工阶段的造价控制工作

| | |
|---|---|
| 计量与支付 | ①专业监理工程师复核工程量及支付金额，确定实际完成工作量<br>②总监理工程师审核专业监理工程师的审查意见，签认后报建设单位审批<br>③总监理工程师根据建设单位审批意见，签发支付证书 |
| 处理变更 | ①总监理工程师组织专业监理工程师对工程变更费用及工期影响做出评估<br>②总监理工程师组织建设单位、施工单位等共同协商，会签工程变更单<br>③项目监理机构可在工程变更实施前与建设单位、施工单位等协商确定工程变更的计价原则、计价方法或价款<br>④建设单位与施工单位未能就工程变更费用达成协议时，提出一个暂定价格并经建设单位同意，作为临时支付工程款的依据。最终结算时，应以建设单位与施工单位达成的协议为依据 |
| 处理索赔 | ①及时收集、整理有关工程费用的原始资料，为处理费用索赔提供证据<br>②审查费用索赔报审表<br>③与建设单位和施工单位协商一致后，在施工合同约定的期限内签发费用索赔报审表，并报建设单位<br>④提出费用索赔和工程延期的综合处理意见，并应与建设单位和施工单位协商<br>⑤因施工单位原因造成建设单位损失，建设单位提出索赔时，项目监理机构应与建设单位和施工单位协商处理 |
| 审核竣工结算 | ①专业监理工程师审查施工单位提交的竣工结算款支付申请，提出审查意见<br>②总监理工程师对专业监理工程师的审查意见进行审核，签认后报建设单位审批<br>③就工程竣工结算事宜与建设单位、施工单位协商<br>④达成一致意见的，根据建设单位审批意见向施工单位签发竣工结算款支付证书<br>⑤不能达成一致意见的，按合同约定处理 |
| 进行偏差分析 | 项目监理机构应建立月完成工程量统计表，对实际完成量与计划完成量进行比较分析，发现偏差的，应提出调整建议，并应在监理月报中向建设单位报告 |

2. 【2022 年真题】项目监理机构在施工阶段进行投资控制的主要工作有（ ）。

A. 组织专家对设计成果进行评审 B. 审查施工图预算

C. 进行工程计量和付款签证 D. 审查工程结算报告及保修费用

E. 处理工程变更费用和索赔费用

【解析】选项 A、B 为设计阶段的相关服务工作。

【相关考点】

| 施工阶段的造价控制工作 | 决策、勘察设计、保修阶段的相关服务工作 |
|---|---|
| ①工程计量和付款签证（专业监理工程师复核 建设单位审批 总监理工程师签发）<br>②处理施工单位提出的工程变更费用<br>③处理费用索赔<br>④审核竣工结算款<br>⑤对完成工程量进行偏差分析 | ①协助建设单位编制勘察设计任务书和选择勘察设计单位，协助签订勘察设计合同<br>②审核勘察设计费用支付申请表，签发支付证书<br>③审查设计成果，并应提出评估报告<br>④协助建设单位组织专家对设计成果进行评审<br>⑤审查设计单位提出的新材料、新工艺、新技术、新设备在相关部门的备案情况，必要时应协助建设单位组织专家评审<br>⑥审查设计单位提出的设计概算、施工图预算<br>⑦分析可能产生索赔的原因，制订防范对策<br>⑧协调处理勘察设计延期、费用索赔等事宜<br>⑨对工程质量缺陷进行记录、监督修复、原因调查、费用核查、签发支付证书等 |

3. 【2018 年真题】下列工作中，属于工程监理单位提供相关服务的工作内容有（ ）。

A. 审查设计单位提出的设计概算

B. 审查设计单位提出的新材料备案情况

C. 处理施工单位提出的工程变更费用

D. 处理施工单位提出的费用索赔

E. 调查使用单位提出的工程质量缺陷的原因

【解析】施工阶段的质量、进度、投资控制是我国监理单位的基本服务；勘察设计和保修阶段监理，属于相关或拓展服务。选项 D，处理施工单位提出的费用索赔属于施工阶段投资控制的主要工作。

【相关考点】见本节习题 2。

4. 【2017 年真题】项目监理机构在施工阶段投资控制中的主要工作有（ ）。

A. 协助设计单位编制概算

B. 进行工程计量与工程款支付

C. 对已完工程量进行偏差分析

D. 审查竣工结算款

E. 审查费用索赔报审表

【解析】施工阶段投资控制的主要工作包括：①进行工程计量和付款签证；②对完成工程量进行偏差分析；③审核竣工结算款；④处理施工单位提出的工程变更费用；⑤处理费用

索赔。选项 E 属于处理费用索赔的内容。

**【相关考点】** 见本节习题 2。

## 二、参考答案

| 题号 | 1 | 2 | 3 | 4 |
|---|---|---|---|---|
| 答案 | BD | CDE | ABCE | BCDE |

# 第二章

# 建设工程投资构成

## 第一节　建设工程投资构成概述

### 一、历年真题及解析

1. **【2021 年真题】**某生产性项目的建设投资 2000 万元，建设期利息 300 万元，流动资金 500 万元，则该项目的固定资产投资为（　　）万元。

A. 2000　　B. 2300　　C. 2500　　D. 2800

**【解析】**固定资产投资 = 建设投资 + 建设期利息 = 2000 + 300 = 2300（万元）。

**【相关考点】**见本节习题 6。

2. **【2020 年真题】**下列费用中，属于静态投资的是（　　）。

A. 建设期利息　　B. 工程建设其他费用

C. 涨价预备费　　D. 汇率变动增加的费用

**【解析】**固定资产投资可分为静态投资部分和动态投资部分。静态投资部分由建筑安装工程费、设备及工器具购置费、工程建设其他费用和基本预备费构成。动态投资部分包括涨价预备费和建设期利息。

**【相关考点】**见本节习题 6。

3. **【2020 年真题】**某建设项目，设备及工器具购置费 1000 万元，建筑安装工程费 1500 万元，工程建设其他费用 700 万元，基本预备费 160 万元，涨价预备费 200 万元，则该项目的工程费用为（　　）万元。

A. 2500　　B. 3200　　C. 3360　　D. 3560

**【解析】**工程费用包括建筑安装工程费、设备及工器具购置费。故工程费 = 1000 + 1500 = 2500（万元）。

**【相关考点】**见本节习题 6。

4. **【2019 年真题】**某建设项目，静态投资 3460 万元，建设期贷款利息 60 万元，涨价预备费 80 万元，流动资金 800 万元。则该项目的建设投资为（　　）万元。

A. 3520　　B. 3540　　C. 3600　　D. 4400

**【解析】**建设投资由设备及工器具购置费、建筑安装工程费、工程建设其他费用、预备费（基本预备费和涨价预备费）构成，其中设备及工器具购置费、建筑安装工程费、工程建设其他费用、基本预备费为建设投资静态投资部分。故本题建设投资 = 静态投资 + 涨价预备费 = 3460 + 80 = 3540（万元）。

**【相关考点】** 见本节习题6。

5. **【2018 年真题】** 下列建设工程项目费用中，属于建筑工程费的是（　　）。

A. 研究试验费　　B. 工程保险费

C. 供水、供电管线安装费　　D. 室外管道铺设费

**【解析】** 建筑安装工程费用包括建筑工程费和安装工程费两大部分；其中，建筑工程费是指建设工程涉及范围内的建筑物、构筑物、场地平整、道路、室外管道铺设、大型土石方工程费用等。

**【相关考点】** 建筑安装工程费由建筑工程费和安装工程费组成。建筑工程费是指建设工程涉及范围内的建筑物、构筑物、场地平整、道路、室外管道铺设、大型土石方工程费用等。安装工程费是指主要生产、辅助生产、公用工程等单项工程中需要安装的机械设备、电器设备、专用设备、仪器仪表等设备的安装及配件工程费，以及工艺、供热、供水等各种管道、配件、阀门和供电线安装工程费。

6. **【2022 年真题】** 某项目的建筑安装工程费 3000 万元，设备及工器具购置费 2000 万元，工程建设其他费用 1000 万元，建设期利息 500 万元，基本预备费 300 万元，则该项目的静态投资为（　　）万元。

A. 5800　　B. 6300　　C. 6500　　D. 6800

**【解析】** 静态投资 = 工程费 + 工程建设其他费 + 基本预备费 = (3000 + 2000) + 1000 + 300 = 6300（万元）。

**【相关考点】**

建设工程总投资的构成

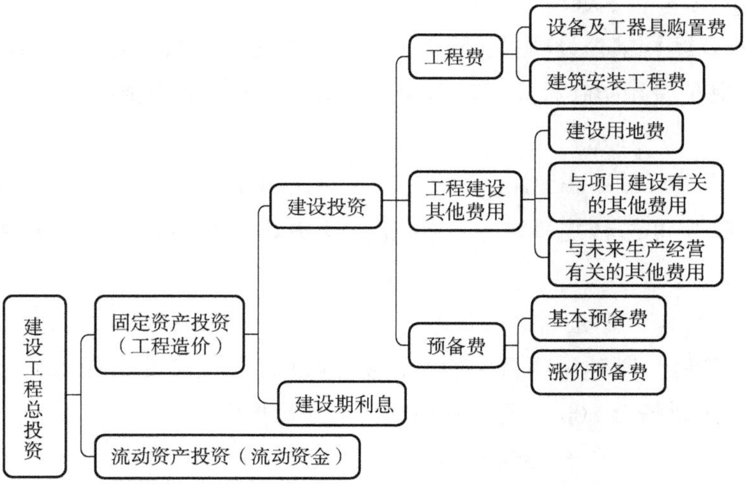

（续）

| |
|---|
| ①生产性建设项目（化工厂）总投资包括固定资产投资（建设投资和建设期利息）和铺底流动资金两部分，非生产性建设项目（住宅小区）总投资只包括固定资产投资<br>②固定资产投资分为静态投资部分和动态投资部分<br>静态投资：建筑安装工程费、设备及工器具购置费、工程建设其他费和基本预备费<br>动态投资：涨价预备费、建设期利息 |

7. **【2023年真题】** 某项目的设备及工器具购置费6000万元，建筑安装工程费5000万元，工程建设其他费3600万元，基本预备费450万元。涨价预备费610万元，建设期利息650万元，流动资金900万元，则该项目的动态投资部分为（　　）万元。

A. 2160　　B. 1260　　C. 1060　　D. 610

**【解析】** 动态投资 = 涨价预备费 + 建设期利息 = 610 + 650 = 1260（万元）。

8. **【2015年真题】** 某建设项目投资构成中，设备及工器具购置费为3000万元，建筑安装工程费为1000万元，工程建设其他费用为500万元，预备费为200万元，设备运杂费360万元，建设期贷款2100万元，应计利息90万元，流动资金贷款400万元，则该建设项目的建设投资为（　　）万元。

A. 6290　　B. 4700　　C. 4790　　D. 6250

**【解析】** 建设投资由设备及工器具购置费、建筑安装工程费、工程建设其他费用、预备费（包括基本预备费和涨价预备费）组成。建设投资 = 3000 + 1000 + 500 + 200 = 4700（万元）。

**【相关考点】** 见本节习题6。

9. **【2014年真题】** 下列费用中，属于动态投资的有（　　）。

A. 基本预备费　　B. 建筑安装工程费

C. 设备及工器具购置费　　D. 涨价预备费

E. 建设期利息

**【解析】** 动态投资部分，是指在建设期内，因建设期利息和国家新批准的税费、汇率、利率变动以及建设期价格变动引起的建设投资增加额，包括涨价预备费和建设期利息。

**【相关考点】** 见本节习题6。

## 二、参考答案

| 题号 | 1 | 2 | 3 | 4 | 5 | 6 | 7 | 8 | 9 |
|---|---|---|---|---|---|---|---|---|---|
| 答案 | B | B | A | B | D | B | B | B | DE |

# 第二节　建筑安装工程费用的组成及计算

## 一、历年真题及解析

1.【2022 年真题】下列费用中，属于建筑安装工程费用中安全文明施工费的有（　　）。

A. 环境保护费　　B. 医疗保险费

C. 施工单位临时设施费　　D. 建筑工人实名制管理费

E. 已完工程及设备保护费

【解析】安全文明施工费包括安全施工费、文明施工费、环境保护费、临时设施费、建筑工人实名制管理费。故选项 A、C、D 正确。

2.【2022 年真题】下列费用中，属于建筑安装工程费用中企业管理费的有（　　）。

A. 职工教育经费　　B. 社会保险费

C. 特殊地区施工津贴　　D. 劳动保护费

E. 夏季防暑降温费

【解析】选项 B 属于规费，选项 C 属于人工费。

3.【2021 年真题】按费用构成要素划分，下列费用中，属于建筑安装工程费用中企业管理费的是（　　）。

A. 工伤保险费　　B. 养老保险费

C. 劳动保护费　　D. 流动施工津贴

【解析】工伤保险费、养老保险费属于规费，流动施工津贴属于人工费。

【相关考点】见本节习题 5。

4.【2022 年真题】下列费用中，属于建筑安装工程费用中人工费的是（　　）。

A. 职工福利费　　B. 高空作业津贴

C. 养老保险费　　D. 工伤保险费

【解析】选项 A、C 属于企业管理费，选项 D 属于规费。

5.【2020 年真题】下列费用中，属于建筑安装工程费用中人工费的是（　　）。

A. 劳动保险费　　B. 劳动保护费

C. 职工教育经费　　D. 流动施工津贴

【解析】人工费是指按工资总额构成规定，支付给从事建筑安装工程施工的生产工人和附属生产单位工人的各项费用，包括：计时或计件工资、奖金、津贴、补贴、加班加点工资、特殊情况下支付的工资。流动施工津贴属于人工费中的津贴、补贴，故选项 D 正确；劳动保险费、劳动保护费、职工教育经费属于企业管理费，故选项 A、B、C 错误。

【相关考点】如下图所示。

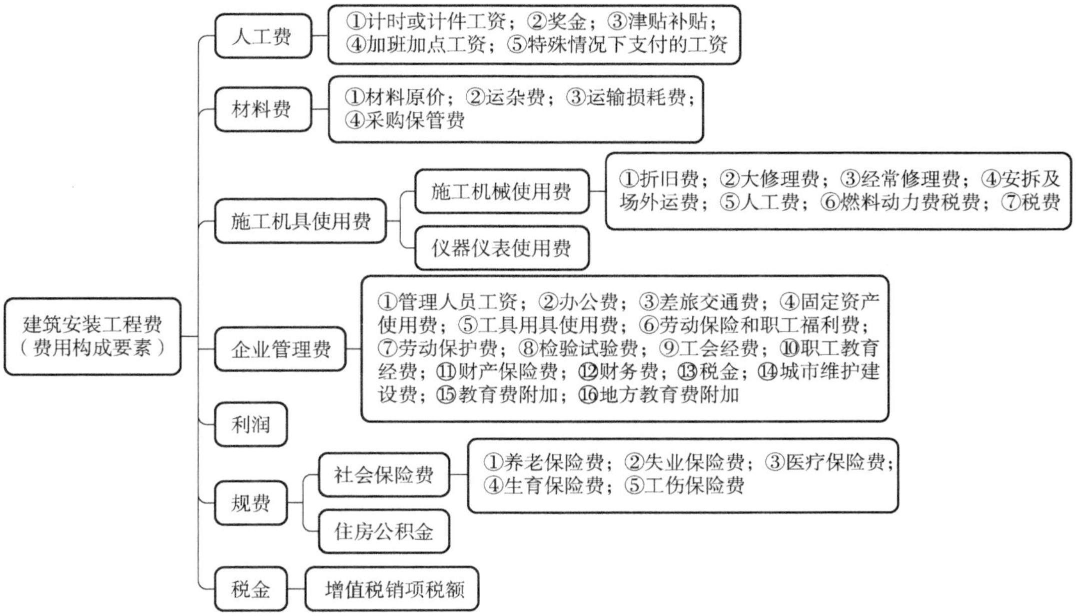


6. **【2022 年真题】** 某项目分部（分项）工程费 3000 万元，措施项目费 90 万元，其中安全文明施工费 60 万元，其他项目费 80 万元，规费 40.5 万元，以上费用均不含增值税进项税额。则该项目的增值税销项税额为（　　）万元。

A. 96.315　　B. 283.545　　C. 288.945　　D. 321.050

**【解析】** 增值税销项税额 = 税前造价 ×9% =（3000 +90 +80 +40.5）×9% =288.945（万元）。

**【相关考点】** 见本节习题 7。

7. **【2020 年真题】** 当采用一般计税方法计算计入建筑安装工程造价的增值税销项税额时，增值税的税率为（　　）。

A. 3%　　B. 6%　　C. 9%　　D. 13%

**【解析】** 当采用一般计税方法时，建筑施工企业增值税税率为 9%。

**【相关考点】**

**增值税**

（1）定义。增值税是指国家税法规定应计入建筑安装工程造价内的增值税销项税额。

税前工程造价：为建筑安装工程人工费、材料费、施工机具使用费、企业管理费、利润和规费之和，各费用项目均以不包含增值税的价格计算。

（2）定量。

1）一般计税方法。

应纳税额 = 当期销项税额 − 当期进项税额

销项税额 = 不含税销售额 × 税率 = 税前工程造价 × 税率（9%）

税前造价 = 人 + 材 + 机 + 企业管理费 + 利润 + 规费

税前造价中，各项费用项目均不包含增值税可抵扣进项税额的价格计算。

2）简易计税方法。应纳税额 = 税前造价 × 税率（3%）

税前造价中，各项费用项目均以包含增值税可抵扣进项税额的价格计算。

（3）规费和税金，建设单位和施工企业均应按照省、自治区、直辖市或行业建设主管部门发布的标准计算，不得作为竞争性费用。

8.【**2019 年真题**】下列费用中，属于建筑安装工程费用中规费的是（　　）。

A. 教育费附加　　B. 地方教育附加

C. 职工教育经费　　D. 住房公积金

【**解析**】规费是指按国家法律、法规规定，由省级政府和省级有关权力部门规定必须缴纳或计取的费用，包括“五险一金”，即“养老保险、失业保险、医疗保险、生育保险、工伤保险”和住房公积金。

【**相关考点**】见本节习题 5。

9.【**2019 年真题**】按照有关标准规定，对建筑以及材料、构件和建筑安装物进行一般鉴定、检验所发生的费用在（　　）中列支。

A. 建筑安装工程材料费　　B. 建筑安装工程企业管理费

C. 建筑安装工程规费　　D. 工程建设其他费用

【**解析**】企业管理费中的检验试验费是指施工企业按照有关标准规定，对建筑以及材料、构件和建筑安装物进行一般鉴定、检查所发生的费用，包括自设实验室进行试验所耗用的材料等费用。

【**相关考点**】

**企业管理费**

包括：管理人员的工资、办公费、差旅交通费、固定资产使用费、工具用具使用费、劳动保险和职工福利费、劳动保护费、检验试验费、工会经费、职工教育经费、财产保险费、财务费、税金、城市维护建设费、教育费附加、地方教育费附加、其他（技术转让费、技术开发费、投标费等）。

（1）检验试验费（≠研究试验费）是指施工企业按照有关标准规定，对建筑以及材料、构件和建筑安装物进行一般鉴定、检查（《质量管理条例》《工程验收规范》等规范文件所规定的）所发生的费用［材料、构（配）件进场检验、抽样检验的费用］。

包括：自设实验室进行试验所耗用的材料等费用。

不包括：新结构、新材料的试验费，对构件做破坏性试验及其他特殊要求检验试验的费用和发包人委托检测机构进行检测的费用，对此类检测发生的费用，由发包人在工程建设其他费用中列支。但是对施工企业提供的具有合格证明的材料进行检测其结果不合格的，该检测费用由施工企业支付。

（2）劳动保险和职工福利费（不包含在人工费中），职工退休离职后的退职金、福利费、补贴等。

（3）税金，包括土地使用税、印花税、房产税、车船使用税。

（4）财产保险费，包括施工管理用财产、车辆等的保险费用。

（5）财务费，包括施工企业筹资、提供担保（预付、支付、履约）产生的费用。

10. **【2019 年真题】**某施工机械预算价格为 30 万元，残值率为 2%，折旧年限为 10 年，年平均工作 225 个台班，采用平均折旧法计算，则该施工机械的台班折旧费为（　　）元。

A. 130.67　　B. 133.33　　C. 1306.7　　D. 1333.33

**【解析】**台班折旧费 $=\dfrac{\text{机械预算价格}\times(1-\text{残值率})}{\text{耐用总台班数}}=\dfrac{\text{机械预算价格}\times(1-\text{残值率})}{\text{折旧年限}\times\text{年工作台班}}$

$$=\frac{300000\times(1-2\%)}{225\times10}=130.67\ (\text{元/台班})。$$

11. **【2019 年真题】**下列费用中，属于建筑安装工程人工费的有（　　）。

A. 特殊地区施工津贴　　B. 劳动保护费

C. 社会保险费　　D. 职工福利费

E. 支付给个人的物价补贴

**【解析】**人工费包括：计时或计件工资、奖金、津贴、补贴、加班加点工资、特殊情况下支付的工资。选项 B、D 属于企业管理费，选项 C 属于规费。

**【相关考点】**见下表。

**人工费："特班津计奖"**

| | |
|---|---|
| 特 | 特殊情况下支付的工资：病、工伤、产假、计划生育、婚丧假、事假、探亲假、定期休假、停工学习（《中华人民共和国劳动法》规定的法定节假日外的假期及其他特殊停工停产时间的工资） |
| 班 | 加班加点工资 |
| 津 | 津贴、补贴：如流动施工津贴、特殊地区施工津贴、高温（寒）作业临时津贴、高空津贴、为保证职工工资水平不受物价影响支付给个人的物价补贴等 |
| 计 | 计时工资或计件工资 |
| 奖 | 奖金 |

12. **【2019 年真题】**下列费用中，属于建筑安装工程施工机具使用费的有（　　）。

A. 施工机械临时故障排除所需的费用　　B. 机上司机的人工费

C. 财产保险费　　D. 仪器仪表使用费

E. 施工机械大修理费

**【解析】**施工机具使用费包括：①施工机械使用费：施工机械台班消耗量×施工机械台班单价，施工机械台班单价包括：台班折旧费、大修理费、经常修理费、安拆及场外运费、机上人工费、燃料动力费、税费（车船使用税、保险费及年检费）；②仪器仪表使用费：仪器仪表的摊销费和维修费。选项 C 的"财产保险费"为施工管理用的财产、车辆的保险费，不是施工机具使用费中施工机械的保险费。

【相关考点】见下表。

施工机具使用费

| | |
|---|---|
| 定义 | 施工机具使用费是指施工作业所发生的施工机械、仪器仪表使用费或其租赁费 |
| 定项 | 包括施工机械使用费和施工仪器仪表使用费 |
| 定量 | 施工机械使用费的计算：<br>施工机械使用费 = Σ（施工机械台班消耗量 × 机械台班单价）<br>机械台班单价 = 台班折旧费 + 大修费 + 经常修理费 + 安拆费及场外运费（大型机械除外） + 人工费（机上人工） + 燃料动力费 + 车船税费（车船使用税、保险费及年检费）（简记：折大人安燃常税）<br>台班折旧费 = 机械预算价格 ×（1 - 残值率）/耐用总台班数（摊销）<br>台班大修理费 = 一次大修理费 × 大修次数 / 耐用总台班数（摊销）<br>施工仪器仪表使用费 = 工程使用的仪器仪表摊销费 + 维修费 |

13. **【2021 年真题】** 某材料的出厂价 2500 元/t，运杂费 80 元/t，运输损耗率 1%，采购保管费率 2%，则该材料的（预算）单价为（　　）元/t。

A. 2575.50　　B. 2655.50　　C. 2657.40　　D. 2657.92

**【解析】** 材料单价 =（材料原价 + 运杂费）×（1 + 运输损耗率）×（1 + 采购保管费率）=（2500 + 80）×（1 + 1%）×（1 + 2%）= 2657.92（元）。

**【相关考点】** 见本节习题 11。

14. **【2018 年真题】** 某材料的出厂价为 2000 元/t，运杂费为 90 元/t，运输损耗率为 1%，采购保管费率为 2%，则该材料的预算单价为（　　）元/t。

A. 2150.40　　B. 2151.30　　C. 2152.20　　D. 2153.12

**【解析】** 本题考查建筑安装工程费用的组成与计算方法（按照费用构成要素）。鉴于材料费的组成，材料单价 = [（材料原价 + 运杂费）×（1 + 运输损耗率）] ×（1 + 采购保管费率）=（2000 + 90）×（1 + 1%）×（1 + 2%）= 2153.12（元/t）。

**【相关考点】** 见下表。

材料费（材料及工程设备费）

| | |
|---|---|
| 定义 | 指工程施工过程中耗费的各种原材料、辅助材料、构配件、零件、半成品或成品、工程设备的费用 |
| 定项 | 材料原价、运杂费、运输损耗费、采购及保管费 |
| 定量 | 材料费 = Σ（材料消耗量 × 材料单价）<br>材料单价 = [（材料原价 + 运杂费）×（1 + 运输损耗率）] ×（1 + 采购保管费率）<br>工程设备费 = Σ（工程设备量 × 工程设备单价）<br>工程设备单价 =（设备原价 + 运杂费）×（1 + 采购保管费率） |
| 备注 | ①材料“四耗”：场外运输损耗、仓储损耗（进入材料单价）、场内运输损耗、使用过程中损耗（进入材料消耗量）<br>②工程设备无损耗 |

15. **【2018 年真题】** 下列费用中，属于承包人投标时可自主报价的竞争性费用

是(　　)。

A. 总承包服务费　　B. 工伤保险费

C. 安全施工费　　D. 文明施工费

【解析】在备选答案中，选项 B 属于规费，规费不得作为竞争性费用；选项 C、D，措施项目中的安全文明施工费应按照国家或省级、行业建设主管部门的规定计算，不作为竞争性费用。

16. 【2018 年真题】下列费用中，属于建筑安装工程费中措施项目费的有（　　）。

A. 大型机械安拆费　　B. 工程定位复测费

C. 工程排污费　　D. 建筑工人实名制管理费

E. 临时设施费

【解析】措施项目费通常包括：安全文明施工费（环境保护费、文明施工费、安全施工费、临时设施费、建筑工人实名制管理费）；夜间施工增加费；二次搬运费；冬、雨期施工增加费；已完工程及设备保护费；工程定位复测费；特殊地区施工增加费；大型机械设备进出场及安拆费；脚手架工程费。选项 C，工程排污费原来属于规费，现已删除。

【相关考点】

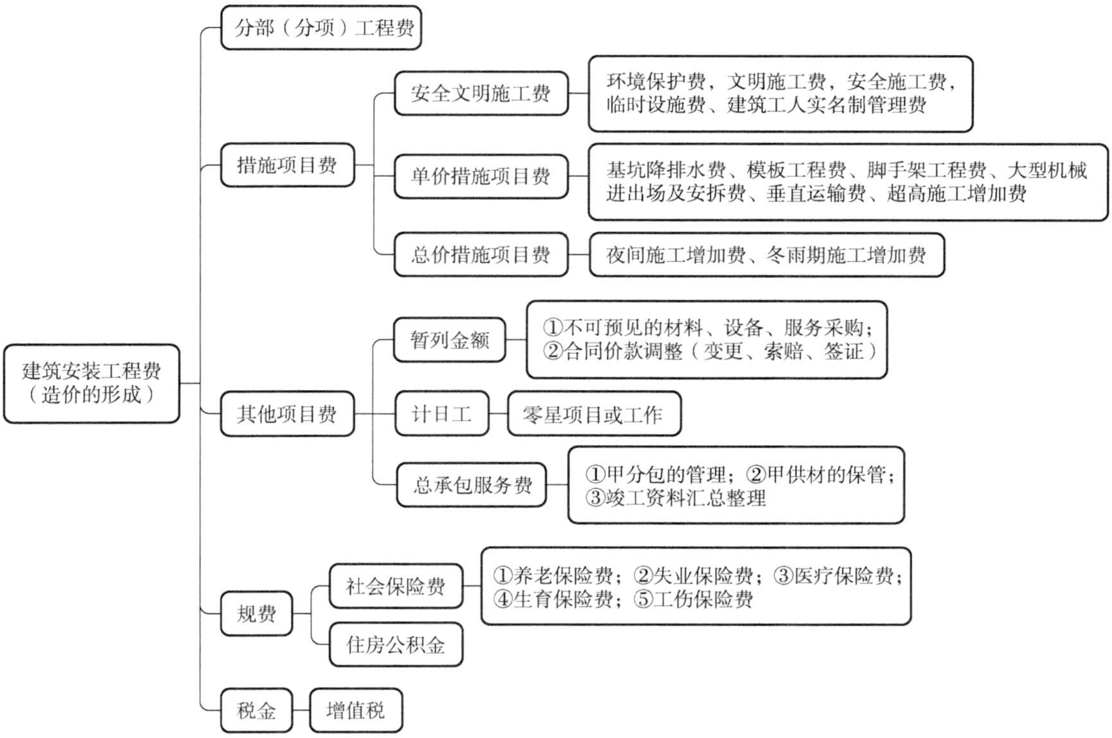


17. 【2017 年真题】下列费用中，不应列入建筑安装工程材料费的是（　　）。

A. 施工中耗费的辅助材料费用

B. 施工企业自设试验室进行试验所耗用的材料费用

C. 在运输装卸过程中发生的材料损耗费用

D. 在施工现场发生的材料保管费用

【解析】本题考查的是按费用构成要素划分的建筑安装工程费。材料费是指施工过程中耗费的原材料、辅助材料、构配件、零件、半成品或成品、工程设备的费用。其内容包括：材料原价、运杂费、运输损耗费、采购及保管费等。选项B属于企业管理费中（检验试验费）的内容。

【相关考点】见本节习题14。

18. 【2017年真题】下列费用中，属于规费的是（　　）。

A. 环境保护费　　B. 文明施工费

C. 工伤保险费　　D. 安全施工费

【解析】规费是指按国家法律、法规规定，由省级政府和省级有关权力部门规定必须缴纳或计取的费用；其包括社会保险费、住房公积金。

【相关考点】见本节习题16。

19. 【2017年真题】下列费用中，属于施工机具使用费的有（　　）。

A. 起重机司机的人工工资　　B. 施工机械按规定应缴纳的车船使用税

C. 大型机械进出场及安拆费　　D. 施工所需仪器的摊销费

E. 施工机械运转日常保养费

【解析】施工机使用费由施工机械使用费和仪器仪表使用费组成；其中，施工机械使用费包括七项费用：台班折旧费、大修理费、经常修理费、安拆费及场外运费、机上人工费、燃料动力费、税费。在施工机械使用费中，选项A，属于机上人工费的内容；选项B，属于税费的内容；选项E，属于经常修理费的内容。选项D，属于仪器仪表使用费。选项C，属于措施费。

【相关考点】见本节习题12。

20. 【2016年真题】建筑安装工程企业管理费中的检验试验费是用于（　　）试验的费用。

A. 一般材料　　B. 构件破坏性　　C. 新材料　　D. 新构件

【解析】企业管理费中的检验试验费是指施工企业按照有关标准规定，对建筑以及材料、构件和建筑安装物进行一般鉴定、检查所发生的费用，包括自设实验室进行试验所耗用的材料等费用。而对于新结构、新材料的试验费，对构件做破坏性试验及其他特殊要求检验试验的费用，由建设单位在工程建设其他费中的研究试验费中列支。

【相关考点】见本节习题9。

21. 【2016年真题】施工单位以60万元价格购买一台挖掘机，预计可使用1000个台班，残值率为5%。施工单位使用15个日历天，每日历天按2个台班计算，司机每台班工资与台班动力费等合计为100元，该台挖掘机的使用费为（　　）万元。

A. 1.41　　B. 1.71　　C. 1.86　　D. 2.01

【解析】挖掘机的台班折旧费 $=\dfrac{\text{机械预算价格}\times(1-\text{残值率})}{\text{耐用总台班数}}=\dfrac{600000\times(1-5\%)}{1000}$

$=570$（元/台班）

挖掘机台班单价 $=570+100=670$（元）

挖掘机使用费 = 台班单价 × 台班消耗量 $=670\times15\times2=20100$（元）。

【相关考点】见本节习题12。

22.【2016年真题】根据建筑安装工程费用相关规定，规费中住房公积金的计算基础是（　　）。

A. 定额人工费　　B. 定额材料费

C. 定额机械费　　D. 分部（分项）工程费

【解析】规费中的“五险一金”的计算基础为定额人工费。

23.【2023年真题】纳税人所在地在县城、镇的，城市维护建设投资税率为（　　）。

A. 1%　　B. 3%　　C. 5%　　D. 7%

【解析】城市维护建设税税率：纳税人所在地属于市区的，税率为7%；纳税人所在地属于县城、镇的，税率为5%；纳税人所在地不属于市区、县城或者镇的，税率为1%。

24.【2022年补考真题】夜间施工所发生的夜班补助费属于（　　）。

A. 劳动保护费　　B. 措施费

C. 工资补贴　　D. 其他项目费

【解析】夜间施工增加费指因夜间施工所发生的夜班补助费、夜间施工降效、夜间施工照明设备摊销及照明用电等费用，属于措施费。

25.【2023年真题】施工合同签订时尚未确定或者不可预见的所需材料、工程设备、服务的采购、施工中可能发生的工程变更、合同约定调整因素出现时的工程价款调整等费用应列入（　　）。

A. 暂列金额　　B. 总承包服务费

C. 计日工　　D. 措施项目费

【解析】暂列金额指建设单位在工程量清单中暂定并包括在工程合同价款中的一笔款项。用于施工合同签订时尚未确定或者不可预见的所需材料、工程设备、服务的采购，施工中可能发生的工程变更、合同约定调整因素出现时的工程价款调整以及发生的索赔、现场签证确认等的费用。

26.【2023年真题】某招标工程，发包人拟将其中的专业工程依法单独发包，但施工过程中由承包人统一提供协调和配合服务，则承包人投标报价时应将该服务费用列入（　　）。

A. 总承包服务费　　B. 计日工费

C. 专业工程暂估价　　D. 措施项目费

【解析】总承包服务费是为了解决招标人在法律、法规允许的条件下进行专业工程发包以及自行采购供应材料、设备时，要求总承包人对发包的专业工程提供协调和配合服务；对供应的材料、设备提供收、发和保管服务以及对施工现场进行统一管理；对竣工资料进行统一汇总整理等发生并向总承包人支付的费用。

27.【2015 年真题】建筑安装工程费用组成中，（ ）不属于规费。

A. 养老保险费　　B. 失业保险费

C. 工伤保险费　　D. 劳动保护费

**【解析】**根据《建筑安装工程费用项目组成》，建筑安装工程费用组成中，规费包括社会保险费（养老保险费、失业保险费、医疗保险费、生育保险费、工伤保险费）和住房公积金。

**【相关考点】**见本节习题5。

28.【2015 年真题】下列费用中，属于建筑安装工程企业管理费的有（ ）。

A. 施工企业集体福利费

B. 施工现场防暑降温费用

C. 施工现场对构件进行常规破坏性试验费用

D. 混凝土坍落度测试费用

E. 施工现场安全文明施工费用

**【解析】**选项 A、B 属于企业管理费中的劳动保险和职工福利费；选项 D 属于企业管理费中的检验试验费；选项 C 破坏性试验不属于一般材料鉴定、检查所发生的费用，因此不属于企业管理费中的检验试验费，而属于工程建设其他费中的研究试验费。选项 E 属于措施项目费。

**【相关考点】**见本节习题9。

29.【2014 年真题】下列费用中，属于建筑安装工程费中检验试验费的是（ ）。

A. 对构件进行一般鉴定、检查所发生的费用

B. 新材料的试验费

C. 建设单位委托检测机构进行检验的费用

D. 对构件进行破坏性试验的费用

**【解析】**检验试验费是指施工企业按照有关标准规定，对建筑以及材料、构件和建筑安装物进行一般鉴定、检查所发生的费用，包括自设实验室进行试验所耗用的材料等费用。不包括新结构、新材料的试验费，对构件做破坏性试验及其他特殊要求检验试验的费用和建设单位委托检测机构进行检测的费用，对此类检测发生的费用，由建设单位在工程建设其他费用中列支。但对施工企业提供的具有合格证明的材料进行检测不合格的，该检测费用由施工企业支付。

**【相关考点】**见本节习题9。

30.【2013 年真题】下列费用中，属于措施项目费的是（ ）。

A. 施工降水费　　B. 总承包服务费

C. 工程排污费　　D. 社会保障费

【解析】根据《建筑安装工程费用项目组成》，措施项目费包括：安全文明施工费；夜间施工增加费；二次搬运费；冬雨期施工增加费；大型机械设备进出场及安拆费；施工排水费；施工降水费等。

【相关考点】见本节习题16。

31.【2013年真题】下列费用中，属于建筑安装工程费用施工机械使用费的有（　　）。

A. 机械折旧费　　B. 机械大修理费

C. 机械经常修理费　　D. 大型机械进出场及安拆费

E. 机械操作人员工资

【解析】根据《建筑安装工程费用项目组成》，施工机械使用费包括：机械折旧费、大修理费、经常修理费、安拆费及场外运输费、人工费、燃料动力费及税费。

【相关考点】见本节习题12。

32.【2012年真题】建设项目竣工验收前，施工企业对已完工程进行保护发生的费用应计入（　　）。

A. 措施费　　B. 规费

C. 直接工程费　　D. 企业管理费

【解析】建设项目竣工验收前，施工企业对已完工程进行保护发生的费用为已完工程保护费，属于总价措施项目费，即措施费。

【相关考点】见本节习题16。

33.【2023年真题】某综合办公楼项目，建筑分部分项工程费为4500万元，安装分部分项工程费为2500万元，装饰装修分部分项工程费为3000万元。人工费占分部分项工程费的30%，措施项目费以分部分项工程费为计算基础，措施项目费费率为5%。其他项目费合计1200万元。规费以人工费为计费基础，规费费率为15%。增值税税率为9%。以上费用均不含增值税进项税额，则该项目的建筑安装工程费为（　　）万元。

A. 11700.0　　B. 12150.0　　C. 13203.0　　D. 13243.5

【解析】分部分项费：4500+2500+3000=10000（万元）

措施项目费：10000×5%=500（万元）

其他项目费：1200（万元）

规费：10000×30%×15%=450（万元）

税金：(10000+500+1200+450)×9%=1093.5（万元）

合计：10000+500+1200+450+1093.5=13243.5（万元）

## 二、参考答案

| 题号 | 1 | 2 | 3 | 4 | 5 | 6 | 7 | 8 | 9 |
|---|---|---|---|---|---|---|---|---|---|
| 答案 | ACD | ADE | C | B | D | C | C | D | B |

| 题号 | 10 | 11 | 12 | 13 | 14 | 15 | 16 | 17 | 18 |
|---|---|---|---|---|---|---|---|---|---|
| 答案 | A | AE | ABDE | D | D | A | ABDE | B | C |
| 题号 | 19 | 20 | 21 | 22 | 23 | 24 | 25 | 26 | 27 |
| 答案 | ABDE | A | D | A | C | B | A | A | D |
| 题号 | 28 | 29 | 30 | 31 | 32 | 33 | | | |
| 答案 | ABD | A | A | ABCE | A | D | | | |

# 第三节　设备、工器具购置费用的组成及计算

## 一、历年真题及解析

1. **【2023 年真题】**某进口设备，装运港船上交货价（FOB）为 70 万美元，到岸价（CIF）为 78 万美元，关税税率为 10%，增值税税率为 13%，美元汇率为 1 美元 = 6.9 元人民币，则该进口设备的增值税为人民币（　　）万元。

A. 62.7900　　B. 69.9660　　C. 76.2450　　D. 76.9626

**【解析】**(78 × 6.9) × (1 + 10%) × 13% = 76.9626（万元）

2. **【2020 年真题】**某进口设备，装运港船上交货价（FOB）10 万美元，国外运费 1 万美元，国外运输保险费 0.029 万美元，关税税率 10%，银行外汇牌价为：1 美元 = 7.10 元人民币，没有消费税。则该进口设备计算增值税时的组成计税价格为（　　）万元人民币。

A. 71.21　　B. 78.31　　C. 78.83　　D. 86.14

**【解析】**进口设备计算增值税时的组成计税价格为到岸价 + 关税 + 消费税（如果有），

到岸价 = (10 + 1 + 0.029) × 7.10 = 78.31（万元）

关税 = 78.31 × 10% = 7.83（万元）

组成计税价格 = 78.31 + 7.83 = 86.14（万元）。

**【相关考点】**见下表。

| “五步程序取双费”——先“五步”后“双费” | |
|---|---|
| 五步程序：离岸价→国外运费→国外运输保险费（到岸价）→进口关税→增值税，遵循“前者之和为后者的基价”的规律依次计算。 | |
| ①离岸价（FOB 价、货价） | 货价 = 离岸价（FOB）× 人民币外汇牌价（以后计算都以人民币为本币，换算过来） |
| ②国外运费 | 国外运费 = 离岸价 × 运费率或国外运费 = 单位运价 × 运量 |

（续）

| “五步程序取双费”——先“五步”后“双费” | |
|---|---|
| ③国外运输保险费 | 国外运输保险费（价内费）=（离岸价+国外运费）×国外运输保险费率/（1-国外运输保险费率） |
| 到岸价=离岸价+国外运费+国外运输保险费 | |
| ④关税 | 进口关税=到岸价×进口关税税率 |
| ⑤增值税 | 进口产品增值税=组成计税价格×增值税税率<br>组成计税价格=到岸价+进口关税+消费税 |
| 双费：银行手续费、外贸手续费 | |
| 银行财务费 | 银行财务费=离岸价×银行财务费率 |
| 外贸手续费 | 外贸手续费=到岸价×外贸手续费率 |

3. **【2017年真题】** 某进口设备，按人民币计算的离岸价为2000万元，国外运费160万元，国外运输保险费9万元，银行财务费8万元。则该设备进口关税的计算基数是（　　）万元。

A. 2000　　B. 2160　　C. 2169　　D. 2177

**【解析】** 在进口设备的抵岸价格中，进口关税=到岸价×人民币外汇牌价×进口关税税率，到岸价=离岸价+国外运费+国外运输保险费=2000+160+9=2169（万元）。

**【相关考点】** 见本节习题2。

4. **【2017年真题】** 进口设备采用装运港船上交货价时，买方的责任有（　　）。

A. 承担货物装船前的一切费用　　B. 承担货物装船后的一切费用

C. 负责租船或订舱，支付费用　　D. 负责办理保险及支付保险费

E. 提供出口国有关方面签发的证件

**【解析】**（进口设备）采用装运港船上交货价时，买方的责任是：负责租船或订舱，支付运费，并将船期、船名通知卖方；承担货物装船后的一切费用和风险；负责办理保险及支付保险费，办理在目的港的进口和收货手续；接受卖方提供的有关装运单据，并按合同规定支付货款。

5. **【2017年真题】** 进口设备抵岸价的构成部分有（　　）。

A. 设备到岸价　　B. 外贸手续费

C. 设备运杂费　　D. 进口设备增值税

E. 进口设备检验鉴定费

**【解析】** 作为抵达买方边境港口或车站，且交完关税以后的价格，进口设备抵岸价=货价+国外运费+国外运输保险费+银行财务费+外贸手续费+进口关税+增值税+消费税；其中，到岸价=货价+国外运费+国外运输保险费。

**【相关考点】** 见本节习题2。

6. **【2015年真题】** 关于进口设备交货类别中买卖双方应承担的风险，下列表述正确的

是（　　）。

A. 内陆交货类由卖方承担交货前的一切费用和风险

B. 目的地交货类对买卖双方的风险做了合理均摊

C. 装运港船上交货价是由卖方承担海运风险

D. 采用装运港船上交货价时，由卖方负担货物装船后的一切风险

**【解析】** 内陆交货类即卖方在出口国内陆的某个地点完成交货任务，在交货地点，卖方及时提交合同规定的货物和有关凭证，并承担交货前的一切费用和风险。目的地交货类对卖方来说承担的风险较大，在国际贸易中卖方一般不愿意采用这类交货方式。采用装运港船上交货价（FOB）时的卖方负责货物装船前的一切费用和风险，买方承担货物装船后的一切费用和风险。

7. **【2015 年真题】** 某进口设备采用装运港船上交货价（FOB），该设备的到岸价除货价外，还应包括（　　）。

A. 进口关税　　B. 边境口岸至工地仓库的运费

C. 国外运费　　D. 国外运输保险费

E. 进口产品增值税

**【解析】** 进口设备到岸价包括货价、国外运费、国外运输保险费。选项 A、E 属于进口设备抵岸价。选项 B 属于设备运杂费。

**【相关考点】** 见本节习题 2。

8. **【2022 年真题】** 某进口设备按人民币计算，离岸价为 100 万元，到岸价为 112 万元，增值税税率为 13%，进口关税税率为 5%。则该进口设备的关税为（　　）万元。

A. 5.000　　B. 5.600　　C. 5.650　　D. 6.328

**【解析】** 关税 = 到岸价 × 进口关税税率 = 112 × 5% = 5.600（万元）。

**【相关考点】** 见本节习题 2。

9. **【2013 年真题】** 按人民币计算，某进口设备离岸价为 1000 万元，到岸价为 1050 万元，银行财务费为 5 万元，外贸手续费为 15 万元，进口关税为 70 万元，增值税税率为 17%，不考虑消费税和海关监管手续费，则该设备的抵岸价为（　　）万元。

A. 1260.00　　B. 1271.90

C. 1321.90　　D. 1330.40

**【解析】** 进口设备抵岸价 = 到岸价 + 银行财务费 + 外贸手续费 + 进口关税 + 增值税 + 消费税 + 海关监管手续费 = 1050 + 5 + 15 + 70 + (1050 + 70) × 17% = 1330.40（万元）。

**【相关考点】** 见本节习题 2。

10. **【2012 年真题】** 国产标准设备原价一般是指（　　）。

A. 设备出厂价与采购保管费之和　　B. 设备购置费

C. 设备出厂价与运杂费之和　　D. 设备出厂价

**【解析】** 国产标准设备原价一般为带备件的出厂价或签约合同价（成套设备）。

**【相关考点】** 原价构成如下图所示。

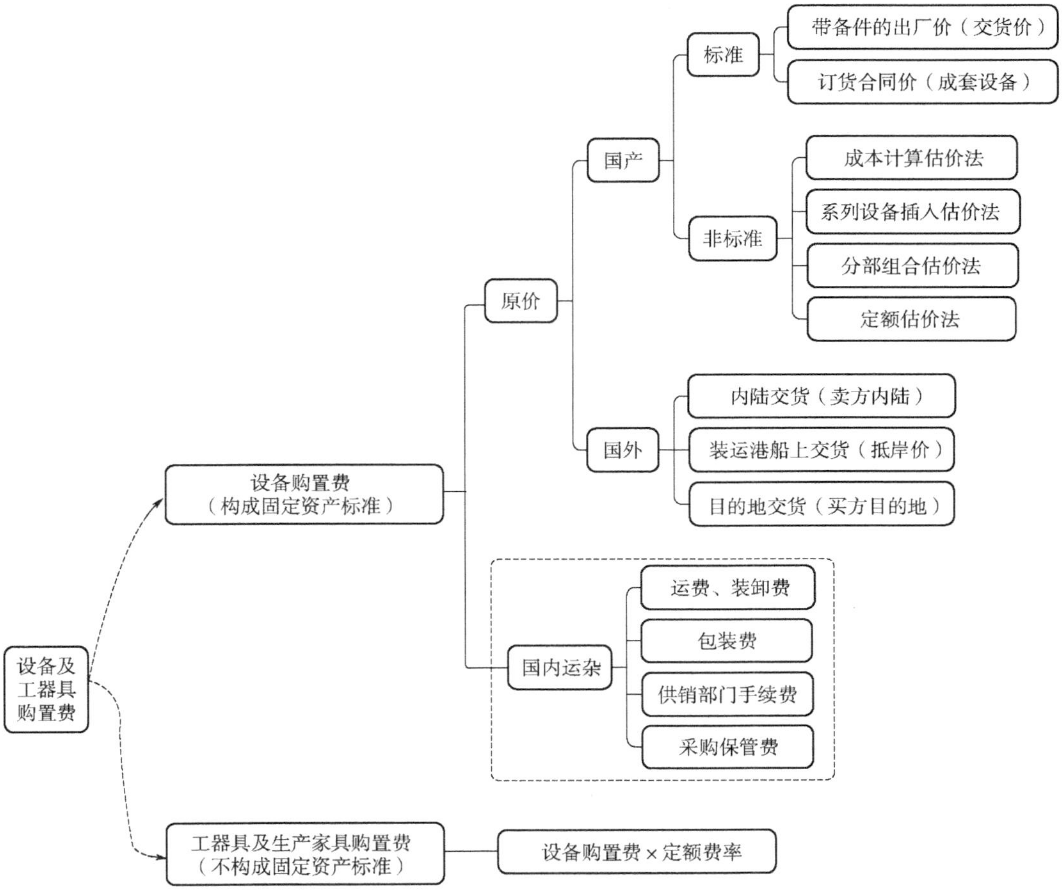


11. 【**2012 年真题**】进口设备的交货方式有（　　）。

A. 内陆交货　　B. 目的地交货

C. 场地交货　　D. 装运港交货

E. 海上交货

【**解析**】进口设备的交货方式有：内陆交货（卖方内陆）、目的地交货（买方目的地）、装运港交货。

【**相关考点**】见本节习题 10。

12. 【**2011 年真题**】某进口设备，按人民币计算的离岸价为 200 万元，到岸价为 250 万元，进口关税税率为 10%，增值税税率为 17%，无消费税，该进口设备应缴纳的增值税额为（　　）万元。

A. 34.00　　B. 37.40　　C. 42.50　　D. 46.75

【**解析**】进口设备增值税 =（到岸价 + 关税）× 增值税税率 =［到岸价 ×（1 + 关税税率）］× 增值税税率 =［250 ×（1 + 10%）］× 17% = 46.75（万元）。

【**相关考点**】见本节习题 10。

## 二、参考答案

| 题号 | 1 | 2 | 3 | 4 | 5 | 6 | 7 | 8 | 9 |
|---|---|---|---|---|---|---|---|---|---|
| 答案 | D | D | C | BCD | ABD | A | CD | B | D |
| 题号 | 10 | 11 | 12 | | | | | | |
| 答案 | D | ABD | D | | | | | | |

# 第四节　工程建设其他费用、预备费、建设期利息、铺底流动资金的组成计算

## 一、历年真题及解析

1. **【2021 年真题】** 某新建项目，建设期 2 年，计划向银行贷款 3000 万元，第 1 年贷款 1800 万元，第 2 年贷款 1200 万元，年利率 5%，则该项目估算的建设期利息为（　　）万元。

A. 90.00　　B. 167.25　　C. 240.00　　D. 244.50

**【解析】** 建设期第 1 年应计利息：1800/2 ×5% =45（万元），第 2 年应计利息：(1800 +45 +1200/2) ×5% =122.25（万元），建设期利息 =45 +122.25 =167.25（万元）。

**【相关考点】** 见本节习题 3。

2. **【2021 年真题】** 下列费用中，属于引进技术和进口设备其他费的有（　　）。

A. 单台设备调试费用　　B. 进口设备检验鉴定费用

C. 设备无负荷联动试运转费用　　D. 国外工程技术人员来华费用

E. 生产职工培训费用

**【解析】** 引进技术及进口设备其他费用，包括出国人员费用、国外工程技术人员来华费用、技术引进费、分期或延期付款利息、担保费以及进口设备检验鉴定费。

单台设备调试费用、设备无负荷联动试运转费用属于设备安装工程费；生产职工培训费用属于生产准备费。故选项 A、C、E 错误。

**【相关考点】** 见本节习题 4。

3. **【2022 年补考真题】** 从银行进行一笔贷款，第一年贷款 600 万元，第二年贷款 400 万元，第三年贷款 200 万元，年利率为 6%，贷款期间不支付利息，贷款均在年中支付，则利息合计是（　　）万元。

A. 70.03　　B. 137.10　　C. 49.08　　D. 119.10

**【解析】** 第一年利息：600 ×1/2 ×6% =18（万元）

第二年利息：(600 +18 +400 ×1/2) ×6% =49.08（万元）

第三年利息：(600 +18 +400 +49.08 +200 ×1/2) ×6% =70.02（万元）

利息合计：18 +49.08 +70.02 =137.10（万元）

**【相关考点】** 各年应计利息 =（年初借款本息累计 + 本年借款额/2）× 年利率（借款当年

半额计息，以后每年余额计息）。

4.【2019 年真题】取得国有土地使用费包括（　　）。

A. 土地使用权出让金　　B. 青苗补偿费

C. 城市建设配套费　　D. 拆迁补偿费

E. 临时安置补助费

【解析】取得国有土地使用费包括：土地使用权出让金、城市建设配套费、拆迁补偿与临时安置补助费等。工程建设其他费如下图所示。

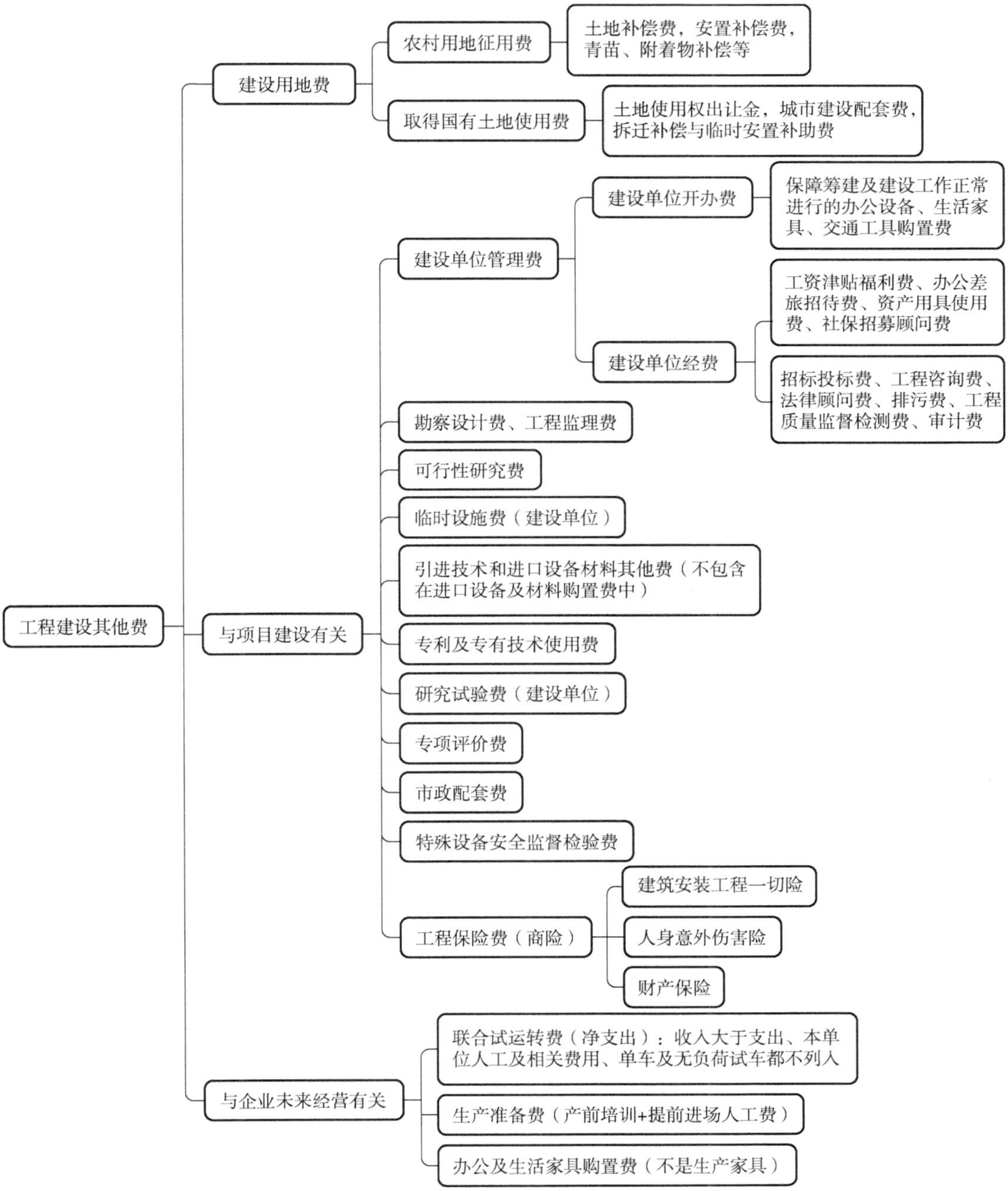

5.【2018 年真题】设备的无负荷联动试运转费用属于建设工程总投资中的（　　）。

A. 设备及工器具购置费　　B. 建筑安装工程费

C. 工程建设其他费用　　D. 预备费

【解析】在与未来生产经营有关的其他费用中，联合试运转费是试生产期间的费用净支出；它不包括应由设备安装工程费开支的单台设备调试费及无负荷联动试运转费用。因此，无负荷联动试运转费用属于设备安工程费（建筑安装工程费）。

【相关考点】见本节习题 4。

6.【2018 年真题】下列费用中，属于工程建设其他费用的有（　　）。

A. 进口设备检验鉴定费　　B. 施工单位临时设施费

C. 建设单位临时设施费　　D. 环境影响评价费

E. 进口设备银行手续费

【解析】选项 B 的施工单位临时设施费，属于建筑安装工程费中的措施项目费；选项 E 的进口设备银行手续费，属于设备及工器具购置费（进口设备抵岸价）的组成部分。

【相关考点】见本节习题 4。

7.【2016 年真题】下列费用中，属于建设单位管理费的是（　　）。

A. 可行性研究费　　B. 工程竣工验收费

C. 环境影响评价费　　D. 劳动安全卫生评价费

【解析】建设单位管理费包括：

①建设单位开办费：新建项目为保证筹建和建设工作正常进行所需办公设备、生活家具、用具、交通工具等购置费用。

②建设单位经费：包括工作人员基本工资、工资性津贴、职工福利费、劳动与保护费、办公费、差旅交通费、工会经费、职工教育经费、固定资产使用费、竣工交付使用清理及竣工验收费、后评估咨询费等。

可行性研究费、环境影响评价费、劳动安全卫生评价费和建设单位管理费都属于与项目建设有关的其他费用。

【相关考点】见本节习题 4。

8.【2016 年真题】某项目，建设期为 2 年，现金部分为银行贷款，贷款年利率为 4%，按年计息且建设期不支付利息，第一年贷款额为 1500 万元，第二年贷款额为 1000 万元，假设贷款在每年的年终支付，下列关于建设期贷款利息的计算，正确的有（　　）。

A. 第一年的利息为 30 万元　　B. 第二年的利息为 60 万元

C. 第二年的利息为 81.2 万元　　D. 第二年的利息为 82.4 万元

E. 两年的总利息为 112.4 万元

【解析】该项目第一年的贷款利息额 =1500/2×4% =30（万元）；第二年的贷款利息额 =（1000/2 +1500 +30）×4% =81.2（万元）。因此，建设期（两年）的利息总额 =81.2 +30 =111.2（万元）。

【相关考点】见本节习题3。

9. **【2023年真题】**下列费用中，属于工程建设其他费的有（　　）。

A. 工程招标费　　B. 环境影响评价费

C. 单台设备调试费　　D. 进口设备检验鉴定费

E. 生产准备费

【解析】单台设备调试费属于建安工程费，而不是工程建设其他费中的联合试运转费。

10. **【2022年补考真题】**下列费用中与项目建设有关的其他费用包括（　　）。

A. 建设单位管理费　　B. 联合试运转费

C. 生产准备费　　D. 可行性研究费

E. 市政公用设施费

【解析】选项B、C属于与企业未来经营有关的其他费。

11. **【2011年真题】**某工程，设备与工（器）具购置费为600万元，建筑安装工程费为1000万元，工程建设其他费为100万元，基本预备费率为10%，该工程项目的基本预备费应为（　　）万元。

A. 100　　B. 160　　C. 170　　D. 200

【解析】基本预备费＝(600＋1000＋100)×10%＝170（万元）。

【相关考点】基本预备费，主要指设计变更及施工过程中可能增加工程量的费用。

基本预备费＝(设备及工(器)具购置费＋建筑安装工程费＋工程建设其他费)×基本预备费率

## 二、参考答案

| 题号 | 1 | 2 | 3 | 4 | 5 | 6 | 7 | 8 | 9 |
|---|---|---|---|---|---|---|---|---|---|
| 答案 | B | BD | B | ACDE | B | ACD | B | AC | ABDE |
| 题号 | 10 | 11 | | | | | | | |
| 答案 | ADE | C | | | | | | | |

# 第三章

# 建设工程项目投融资

## 第一节　工程项目资金来源

### 一、历年真题、预测题及解析

1. **【2021 年真题】** 除国家对采用高新技术成果有特别规定外，固定资产投资项目资本金中以工业产权、非专利技术作价出资的比例不得超过该项目资本金总额的（　　）。

A. 10%　　B. 15%

C. 20%　　D. 50%

**【解析】** 以工业产权、非专利技术作价出资的比例不得超过投资项目资本金总额的20%，国家对采用高新技术成果有特别规定的除外。

**【相关考点】** 见本节习题4。

2. **【2021 年真题】** 相比其他债务资金筹措渠道与方式，债券筹资的优点有（　　）。

A. 保障股东控制权　　B. 发挥财务杠杆作用

C. 便于调整资本结构　　D. 经营灵活性高

E. 筹资成本较低

**【解析】** 债券筹资的优点：①筹资成本较低；②保障股东控制权；③发挥财务杠杆作用；④便于调整资本结构。

**【相关考点】** 见本节习题3。

3. **【2020 年真题】** 商业银行的中期贷款是指贷款期限（　　）的贷款。

A. 1 ~2 年　　B. 1 ~3 年

C. 2 ~4 年　　D. 3 ~5 年

**【解析】** 按照贷款期限，商业银行的贷款分为短期贷款、中期贷款和长期贷款。贷款期限在1 年以内的为短期贷款，1 ~3 年的为中期贷款，3 年以上的为长期贷款。

**【相关考点】** 见下表。

**债务资金的方式**

| | |
|---|---|
| 特点 | 优点：速度快、成本较低（可以免税） |
| | 缺点：融资风险较大、有还本付息压力 |

（续）

<table>
<tr><td rowspan="8">信贷</td><td rowspan="2">商业银行贷款</td><td colspan="4">按贷款期限分：短期≤1 年，中期 1 ~3 年，长期≥3 年</td></tr>
<tr><td colspan="4">按资金使用用途分：固定资产贷款，流动资金贷款，房地产开发贷款</td></tr>
<tr><td colspan="5">政策性银行贷款：利率低，有中国进出口银行、中国农业发展银行</td></tr>
<tr><td>出口信贷</td><td colspan="4">利率通常低于国际上商业银行的贷款利率，分为买方信贷、卖方信贷</td></tr>
<tr><td>银团贷款</td><td colspan="4">附加费用：管理费、安排费、代理费、承诺费、杂费。方式：直接参与和间接参与</td></tr>
<tr><td rowspan="3">国际金融机构贷款</td><td colspan="4">国际货币基金组织：贷款只限于成员国，不与任何企业发生业务，用途限于弥补国际收支逆差或用于经常项目的国际支付，期限为 1 ~5 年</td></tr>
<tr><td colspan="4">世界银行：贷款期限最长可达 30 年</td></tr>
<tr><td colspan="4">亚洲开发银行：面向亚太地区的区域性政府间金融开发机构</td></tr>
<tr><td rowspan="6">债券</td><td colspan="5">直接融资，资金成本低于银行借款</td></tr>
<tr><td rowspan="4">优点</td><td colspan="2">①筹资成本低（利息在税前扣除）</td><td rowspan="4">缺点</td><td rowspan="4">①可能生产财务杠杆负相应（收益率 < 贷款利率）<br>②可能使企业总资金成本增大（付利息）<br>③经营灵活性降低</td></tr>
<tr><td colspan="2">②保障股东控制权</td></tr>
<tr><td colspan="2">③发挥财务（正）杠杆作用（收益率 > 贷款利率）</td></tr>
<tr><td colspan="2">④便于调整资本结构（可转换债券、提前赎回债券）</td></tr>
<tr><td>可转换债券融资</td><td colspan="4">由于附加有可转换为股权的权利，通常转换债券利率更低</td></tr>
<tr><td rowspan="5">租赁</td><td>经营租赁</td><td colspan="4">预计项目中使用设备的租赁期短于租入设备经济寿命时，可以节约项目运营期间的成本开支，避免设备经济寿命在项目空耗</td></tr>
<tr><td rowspan="4">融资租赁</td><td rowspan="3">优点</td><td>①融资与融物相结合，能够迅速获得所需资产的长期使用权</td><td colspan="2" rowspan="3">承租人租赁取得的设备按照固定资产计提折旧，一般租赁期满，按照事先约定由承租人收购取得设备所有权</td></tr>
<tr><td>②可以避免长期借款筹资所附加的各种限制性条款，灵活性较强</td></tr>
<tr><td>③减少设备进口费，降低设备取得成本</td></tr>
<tr><td colspan="4">租金：成本、利息、租赁手续费</td></tr>
</table>

4.【**2022 年真题**】基础设施领域项目通过发行权益型、股权类金融工具筹措的资本金，不得超过项目资本金总额的（　　）。

A. 20%　　B. 30%　　C. 40%　　D. 50%

【**解析**】

| 项目资本金占项目总投资的比例 | |
|---|---|
| 20% | 城市轨道交通项目；铁路、公路项目；港口、沿海及内河航运、机场项目；保障性住房和普通商品住房项目；玉米深加工项目；电力等其他项目 |
| 25% | 房地产开发项目中除保障性住房和普通商住房项目以外的其他项目；化肥（钾肥除外）项目 |
| 30% | 煤炭、电石、铁合金、烧碱、焦炭、黄磷、多晶硅项目 |
| 35% | 水泥项目 |
| 40% | 钢铁、电解铝项目 |

（续）

| 项目资本金占项目总投资的比例 | |
|---|---|
| 备注 | ①作为计算资本金基数的总投资，是指投资项目的固定资产投资与铺底流动资金之和<br>②基础设施领域以及其他国家鼓励发展的行业项目，可以通过发行权益型、股权类的金融工具筹措资本金，但不得超过项目资本金总额的 50%<br>③对某些投资回报率稳定、收益可靠的基地设施、基础产业投资项目，以及经济效益好的竞争性投资项目，经国务院批准，可以试行通过发行可转换债券或组建股份制公司发行股票方式筹措资本金 |

5.【预测题】下列资金筹措渠道与方式中，属于既有法人外部资金来源的有（　　）。

A. 发行优先股　　B. 国家预算内资金

C. 私募　　D. 公开募集

E. 企业增资扩股

【解析】既有法人外部资金来源包括企业增资扩股、优先股、国家预算内投资。故选项 A、B、E 正确；私募和公开募集为新设法人在资本市场募集股本资金的方式，故选项 C、D 错误。

【相关考点】见下表。

**项目资本金筹措渠道与方式**

<table>
<tr><td rowspan="8">既有法人</td><td rowspan="5">内部</td><td colspan="2">企业现金</td></tr>
<tr><td>未来生产经营获得的资金</td><td>经营净现金流量 = 净利润 + 折旧 + 无形及其他资产摊销 + 财务费用 − 流动资金占用的增加</td></tr>
<tr><td>资产变现</td><td>短、长期投资、固定资产、无形资产的变现</td></tr>
<tr><td>产权转让</td><td>企业原有产权部分或全部转让以换取资金</td></tr>
<tr><td colspan="2">资产变现表现为企业资产总额构成的变化（非现金货币资产的减少），现金货币资产增加，资产总额未发生变化<br>产权转让则是企业资产控制权或产权结构发生变化，对于原有产权人，经转让企业原有资产总量减少</td></tr>
<tr><td rowspan="3">外部</td><td>增资扩股</td><td>国家股、企业法人股、个人股、外资股</td></tr>
<tr><td>优先股</td><td>①优先股与普通股均没有还本期限<br>②优先股与债券相似，股息固定（无须偿还）<br>③优先股股东不参与公司经营管理，无控制权<br>④相对于普通股股东来说，优先股通常优先受偿<br>⑤优先股股息在税后支付，无法抵消所得税，筹资成本高（债券是在税前扣除）</td></tr>
<tr><td colspan="2">国家预算内投资：国家预算、地方财政、主管部门专项拨付或委托银行贷给建设单位的基本建设拨款或中央基本建设基金（政府拨款）</td></tr>
<tr><td rowspan="2">新设法人</td><td colspan="3">募股：私募、公募</td></tr>
<tr><td colspan="3">合资合作</td></tr>
</table>

6.【预测题】下列资金筹措渠道与方式中，属于既有法人内部资金来源的有（　　）。

A. 企业的现金　　B. 未来生产经营中获得可用于项目的资金

C. 企业资产变现　　D. 企业产权转让

E. 合资合作

【解析】既有法人的内部资金来源有企业现金、未来生产经营获得现金、资产变现、产权转让获得的现金，故选项 A、B、C、D 正确。

合资合作为新设法人的股本金的融资方式，故选项 E 错误。

【相关考点】见本节习题 5。

7.【预测题】下列资金筹措渠道与方式中，新设项目法人可用来筹措项目资本金的有（　　）。

A. 企业的现金　　B. 未来生产经营中获得可用于项目的资金

C. 私募　　D. 公开募集

E. 合资合作

【解析】新设项目法人筹措项目资金的方式有在资本市场募集股本金（私募或公募）和合资合作，故选项 C、D、E 正确。

【相关考点】见本节习题 5。

8.【预测题】将股票直接出售给少数特定的投资者，不通过公开市场销售的资本金筹措方式是（　　）。

A. 国家预算内资金　　B. 私募

C. 公开募集　　D. 合资合作

【解析】将股票直接出售给少数特定的投资者，不通过公开市场销售的资本金筹措方式为私募。

【相关考点】见本节习题 5。

9.【预测题】在公司融资和项目融资中，所占比重最大的债务融资方式是（　　）。

A. 信贷融资　　B. 发行股票

C. 发行债券　　D. 融资租赁

【解析】在公司融资和项目融资中，所占比重最大的债务融资方式是信贷融资。

10.【预测题】发行债券融资的优点有（　　）。

A. 筹资成本较低　　B. 保障股东控制权

C. 发挥财务杠杆作用　　D. 便于调整资本结构

E. 可能产生财务杠杆负效应

【解析】债权融资的优点：①筹资成本较低；②保障股东控制权；③发挥财务杠杆作用；④便于调整资本结构。故选项 A、B、C、D 正确。

可能产生财务杠杆负效应，需还本付息是缺点，故选项 E 错误。

【相关考点】见本节习题1。

11.【预测题】发行债券融资的缺点有（　　）。

A. 可能产生财务杠杆负效应　　B. 可能使企业总资金成本增大

C. 发挥财务杠杆作用　　D. 便于调整资本结构

E. 经营灵活性降低

【解析】发行债券融资的缺点：①可能产生财务杠杆负效应，须还本付息；②可能使企业总的资金成本增加；③经营灵活性降低。

【相关考点】见本节习题3。

12.【预测题】关于债券方式融资，下列说法错误的是（　　）。

A. 企业债券融资是一种间接融资

B. 发行债券融资，大多需要有第三方担保

C. 债券发行可以在资本市场上公开发行

D. 债券发行可以私募方式发行

【解析】企业债券融资是一种直接融资方式。故选项A错误。

【相关考点】见本节习题3。

13.【预测题】融资租赁作为一种融资方式，其优点不包括（　　）。

A. 能够迅速获得所需资产的短期使用权

B. 可以避免长期借款筹资所附加的各种限制性条款

C. 具有较强的灵活性

D. 可以减少设备进口费

【解析】融资租赁作为一种融资方式，其优点：①融资租赁是一种融资与融物相结合的融资方式，能够迅速获得所需资产的长期使用权；②融资租赁可以避免长期借款筹资所附加的各种限制性条款，具有较强的灵活性；③融资租赁的融资与进口设备都由有经验和对市场熟悉的租赁公司承担，可以减少设备进口费，从而降低设备取得成本。

【相关考点】见本节习题3。

14.【预测题】下列融资成本中，属于资金筹集成本的有（　　）。

A. 发行股票或债券支付的印刷费　　B. 发行手续费

C. 律师费　　D. 资信评估费

E. 支付给股东的各种股息

【解析】资金筹集成本是指在资金筹集过程中所支付的各项费用，如发行股票或债券支付的印刷费、发行手续费、律师费、资信评估费、公证费、担保费、广告费等。

支付给股东的股息属于资金使用成本（资金占用费），故选项E错误。

【相关考点】见下表。

**资金成本**

| | | |
|---|---|---|
| 资金成本及其构成 | 定义 | 企业为筹集和使用资金而付出的代价，包括资金筹集成本和资金使用成本 |
| | 资金筹集成本 | 一般属于一次性费用，筹资次数越多，资金筹集成本也就越大 |
| | | 发行股票、债券支付的印刷费、发行手续费、律师费、资信评估费、公证费、担保费、广告费 |
| | 资金使用成本 | 一般与所筹集资金多少以及使用时间长短有关，具有经常性、定期性特征 |
| | | 股息、红利、贷款利息、其他利息费用 |
| 资金成本的性质 | （1）资金成本是资金使用者向资金所有者和中介机构支付的占用费和筹资费<br>（2）资金成本与资金的时间价值既有联系，又有区别。两者的区别主要表现在两个方面<br>第一，资金的时间价值表现为资金所有者的利息收入，而资金成本是资金使用人的筹资费用和利息费用<br>第二，资金的时间价值一般表现为时间的函数，而资金成本则表现为资金占用额的函数<br>（3）资金成本具有一般产品成本的基本属性 | |
| 资金成本的作用 | （1）个别资金成本主要用于比较各种筹资方式资金成本的高低，是确定筹资方式的重要依据<br>（2）综合资金成本是项目公司资本结构决策的依据<br>（3）边际资金成本是追加筹资决策的重要依据 | |
| 计算 | $K=D/(P-F)$ 或 $K=D/[P(1-f)]$<br>式中 $K$——资金成本率（一般也可称为资金成本）<br>$P$——筹资资金总额<br>$D$——使用费<br>$F$——筹资费<br>$f$——筹资费费率（即筹资费占筹资资金总额的比率） | |

15. **【预测题】** 下列关于资金成本的说法，正确的有（　　）。

A. 资金成本是资金使用者向资金所有者和中介机构支付的占用费和筹资费

B. 资金成本与资金的时间价值既有联系，又有区别

C. 资金成本是资金的使用者由于使用他人的资金而付出的代价

D. 资金成本是资金所有者的利息收入

E. 资金成本表现为时间的函数

**【解析】** 资金的时间价值和资金成本的区别在于：①资金的时间价值表现为资金所有者的利息收入，而资金成本是资金使用人的筹资费用和利息费用；②资金的时间价值一般表现为时间的函数，而资金成本则表现为资金占用额的函数。

**【相关考点】** 见本节习题14。

16. **【预测题】** 某公司发行票面额为2000万元的优先股股票，筹资费费率为4%，股息年利率为12%，则其资金成本率为（　　）。

A. 9.29%　　B. 11.54%　　C. 12.50%　　D. 33.33%

**【解析】** 资金成本率：$K=D/[P(1-f)]=2000\times12\%\div[2000\times(1-4\%)]=12.50\%$。

**【相关考点】** 见本节习题14。

## 二、参考答案

| 题号 | 1 | 2 | 3 | 4 | 5 | 6 | 7 | 8 | 9 |
|---|---|---|---|---|---|---|---|---|---|
| 答案 | C | ABCE | B | D | ABE | ABCD | CDE | B | A |
| 题号 | 10 | 11 | 12 | 13 | 14 | 15 | 16 | | |
| 答案 | ABCD | ABE | A | A | ABCD | ABC | C | | |

# 第二节　工程项目融资

## 一、历年真题、预测题及解析

1.【预测题】与传统融资方式相比较，项目融资的特点有（　　）。

A. 项目导向　　B. 有限追索

C. 风险分担　　D. 非公司负债型融资

E. 融资成本低

**【解析】**与传统融资方式相比较，项目融资的特点有：①项目导向；②有限追索；③风险分担；④非公司型债务；⑤信用结构多样化；⑥融资成本较高；⑦可利用税务优势。

**【相关考点】**见下表。

**项目融资的特点**

| | |
|---|---|
| 项目导向 | 项目融资主要以项目的资产、预期收益、预期现金流等来安排融资，贷款比例高，期限长 |
| 有限追索 | （1）有限追索融资的实质是由于项目本身的经济强度还不足以支撑一个“无追索”的结构，因而还需要项目的借款人在项目的特定阶段提供一定形式的信用支持<br>（2）无论项目出现任何问题，贷款人都不能追索到项目借款人除该项目资产、现金流量及所承担义务之外的任何财产 |
| 风险分担 | 项目融资在风险分担方面具有投资风险大、风险种类多的特点 |
| 非公司型债务 | 亦称为资产负债表之外的融资，是指项目的债务不表现在项目投资者（即实际借款人）的公司资产负债表中负债栏的一种融资形式 |
| 信用结构多样化 | （1）在市场方面，可以要求对项目产品感兴趣的购买者提供一种长期购买合作作为融资的信用支持<br>（2）在工程建设方面，可以要求工程承包公司提供固定价格、固定工期的合同，或“交钥匙”工程合同，可以要求项目设计者提供工程技术保证等<br>（3）在原材料和能源供应方面，可以要求供应方在保证供应的同时，在定价上保证项目的最低收益 |
| 融资成本较高 | 项目融资相对筹资成本较高，组织融资所需要的时间较长 |
| 可利用税务优势 | 包括加速折旧、利息成本、投资优惠以及其他费用的抵税法规 |

2.【预测题】与传统融资方式相比较，项目融资的特点有（　　）。

A. 融资成本高　　B. 可利用税务优势

C. 风险种类少　　D. 前期工作量较少

E. 信用结构多样化

【解析】与传统融资方式相比较，项目融资的特点有：①项目导向；②有限追索；③风险分担；④非公司型债务；⑤信用结构多样化；⑥融资成本较高；⑦可利用税务优势。

【相关考点】见本节习题1。

3.【预测题】与传统的贷款融资方式不同，项目融资主要是以（　　）来安排融资。

A. 项目的资产　　B. 项目的预期收益

C. 项目的预期现金流　　D. 项目的投资者的资信

E. 项目的发起人的资信

【解析】与传统的贷款融资方式不同，项目融资主要以项目的资产、预期收益、预期现金流等来安排融资，而不是以项目的投资者或发起人的资信为依据。

【相关考点】见本节习题1。

4.【预测题】项目融资在风险分担方面具有（　　）的特点。

A. 有限追索　　B. 融资涉及面较小

C. 对投资人资信要求高　　D. 投资风险大

E. 风险种类多

【解析】项目融资在风险分担方面具有投资风险大、风险种类多的特点。

【相关考点】见本节习题1。

5.【预测题】下列属于融资结构设计阶段的工作是（　　）。

A. 项目可行性研究　　B. 选择项目的融资方式

C. 任命项目融资顾问　　D. 评价项目风险因素

E. 评价项目融资结构和资金结构

【解析】项目融资在结构设计阶段的工作是：①评价项目风险因素；②评价项目的融资结构和资金结构。

【相关考点】见下表。

**项目融资在各阶段的工作内容**

| 阶段 | 工作内容 |
| --- | --- |
| 投资决策分析阶段 | ①工业部门（技术、市场）分析<br>②项目可行性研究<br>③投资决策——初步确定项目投资结构 |
| 融资决策分析阶段 | ①选择项目的融资方式——决定是否采用项目融资<br>②任命项目融资顾问——明确融资任务和具体目标要求 |

（续）

| 阶段 | 工作内容 |
|---|---|
| 融资结构设计阶段 | ①评价项目风险因素<br>②评价项目的融资结构和资金结构——修正项目融资结构 |
| 融资谈判阶段 | ①选择银行、发出项目融资建议书<br>②组织贷款银团<br>③起草融资法律文件<br>④融资谈判 |
| 融资执行阶段 | ①签署项目融资文件<br>②执行项目投资计划<br>③贷款银团经理人监督并参与项目决策<br>④项目风险控制与管理 |

6. **【预测题】**下列属于融资执行阶段的工作是（　　）。

A. 起草项目融资法律文件　　　　B. 签署项目融资文件

C. 组织贷款银团　　　　D. 选择银行、发出融资建议书

**【解析】**项目融资在融资执行阶段的工作是：①签署项目融资文件；②执行项目投资计划；③贷款银团经理人监督并参与项目决策；④项目风险控制与管理。

**【相关考点】**见本节习题5。

7. **【预测题】**下列关于BOT项目融资方式的说法中，正确的有（　　）。

A. BOT主要适用于竞争性不强的行业或有稳定收入的项目

B. 通常所说的BOT主要包括典型BOT、BOOT及BOO三种基本形式

C. 典型BOT方式，项目公司没有项目的所有权，只有建设权和经营权

D. BOOT方式与典型BOT方式的主要不同之处是，项目公司既有经营权又有所有权

E. BOT方式的特许期一般比BOOT方式长

**【解析】**BOOT（Build-Own-Operate-Transfer，建设—拥有—运营—移交）方式与典型BOT方式的主要不同之处是，项目公司既有经营权又有所有权，政府允许项目公司在一定范围和一定时期内，将项目资产以融资目的抵押给银行，以获得更优惠的贷款条件，从而使项目的产品/服务价格降低，但特许期一般比典型的BOT方式稍长。

**【相关考点】**见下表。

**BOT方式**

| | |
|---|---|
| 适用范围 | 主要适用于竞争性不强的行业或有稳定收入的项目，如包括公路、桥梁、自来水厂、发电厂等在内的公共基础设施、市政设施等 |
| 基本思路 | 为项目的建设和经营提供一种特许权协议，项目公司只有建设权和经营权，所有权属于政府 |

（续）

| | |
|---|---|
| 基本形式 | ①典型 BOT（建设—运营—移交）<br>②BOOT（Build-Own-Operate-Transfer）（建设—拥有—运营—移交）：项目经营者既有经营权，又有所有权，政府允许期在一定范围和期间内进行抵押融资<br>③BOO（Build-Own-Operate）（建设—拥有—运营）：项目不必移交给政府，即永久私有化 |
| 演变形式 | BT（Build-Transfer）（代建）项目：投资者仅获取建设权，而经营权属于政府，风险比典型 BOT 项目大。（注意与“垫资承包”的区别：①建设资金不是有限追索权的贷款；②政府用于回购项目的资金完全没有基于项目的运营收入） |

8.【预测题】下列关于 BOT 项目融资方式的说法中，错误的有（　　）。

A. BOT 主要适用于竞争性不强的行业或有稳定收入的项目

B. BOT 方式，项目公司不必将项目移交给政府

C. BT 项目中，投资者获得项目的经营权，而项目的建设权属于政府

D. BT 融资形式适用于各类基础设施项目，特别是出于安全考虑的必须由政府直接运营的项目

E. 对银行和承包商而言，BOT 项目的风险可能比基本的 BT 项目大

【解析】BOT 方式中，项目公司拥有项目的建设权和经营权，政府拥有项目所有权，特许的经营期结束后应当将项目移交给政府，故选项 B 错误。

BT 项目中，投资者仅获得项目的建设权，而项目的经营权则属于政府，故选项 C 错误。

BT 融资形式适用于各类基础设施项目，特别是出于安全考虑的必须由政府直接运营的项目。对银行和承包商而言，BT 项目的风险可能比典型 BOT 项目大。故选项 E 错误。

【相关考点】见本节习题 7。

9.【预测题】下列项目融资方式中，通过已建成项目为其他新项目进行融资的是（　　）。

A. TOT　　B. BT

C. ABS　　D. PFI

【解析】从项目融资的角度看，TOT 是通过转让已建成项目的产权和经营权来融资的，而 BOT 是政府给予投资者特许经营权的许诺后，由投资者融资新建项目，即 TOT 是通过已建成项目为其他新项目进行融资，BOT 则是为筹建中的项目进行融资。

【相关考点】见下表。

**TOT 方式**

| | |
|---|---|
| 基本思路 | ①用民营资金购买某个项目资产（一般是公益性资产）的经营权，购买者在约定的时间内通过经营该资产收回全部投资和得到合理的回报后，再将项目无偿移交给原产权所有人（一般为政府或国有企业）<br>②运作程序：制订 TOT 方案并报批→项目发起人（投产项目所有人）设立 SPC 或 SPV（Special Purpose corporation/Vehicle）（政府设立或参与设立的特权机构）→TOT 项目招标→SPC/V 与投资者洽谈、签订协议（转让经营权）、获得资金→转让方建设新项目→转让经营期满，收回转让的项目 |

（续）

| | |
|---|---|
| 特点（与BOT对比） | ①通过转让已建成项目的产权（SPC）和经营权为新项目进行融资（BOT是为筹建中的项目进行融资）<br>②避开了建造过程中大量的风险和矛盾，且只涉及转让经营权，不存在产权、股权问题，风险小（BOT是建设权、经营权）<br>③从东道国政府角度看，大量减少基础设施运营的财政运营补贴支出，减缓财政支出压力<br>④从投资者角度看，既可回避建设中超支、停建或建成后不能正常运营、现金流量不足以偿还债务等风险，又能尽快取得收益，风险小；投资者购买的是正在运营的资产和经营权，资产收益确定，信用保证结构简单（BOT投资者要投入资金建设，时间长，风险大） |

10. **【预测题】**从投资者角度看，既能回避建设过程风险，又能尽快取得收益的项目融资方式是（　　）方式。

A. TOT　　B. BT

C. ABS　　D. PFI

**【解析】**与BOT方式相比，TOT方式避开了建造过程中大量的风险和矛盾，且只涉及转让经营权，不存在产权、股权问题，风险小。从投资者角度看，既可回避建设中超支、停建或建成后不能正常运营、现金流量不足以偿还债务等风险，又能尽快取得收益，风险小，故选项A正确。

**【相关考点】**见本节习题9。

11. **【预测题】**政府在项目建成后从民营机构中购回项目的融资方式是（　　）方式。

A. TOT　　B. BT

C. ABS　　D. PFI

**【解析】**BT方式是指政府在项目建成后从民营机构（或任何国营/民营/外商法人机构）中购回项目（可一次性支付、也可分期支付）。

**【相关考点】**见本节习题7。

12. **【预测题】**一般来说，投资项目所依附的资产只要在未来一定时期内能带来现金收入，就可以进行（　　）融资。

A. TOT　　B. BT

C. ABS　　D. PFI

**【解析】**一般来说，投资项目所依附的资产只要在未来一定时期内能带来现金收入，就可以进行ABS融资。

**【相关考点】**见下表。

**ABS方式**

| | |
|---|---|
| 运作过程 | 组建特殊目的机构SPV（关键因素）→SPV与项目结合：原始权益人将项目资产的未来现金收入权利（ABS融资的物质基础，与原始权益人本身风险无关）转让给SPV（合同协议方式）→进行信用增级（调整项目财务结构，提供信用担保，委托评级机构评级）→由SPV发行债券募集资金→SPV偿还债券本息 |

（续）

| | |
|---|---|
| 与 BOT 比较（spv 只管财务和资产，不管运营） | ①所有权、运营权归属：在债券存续期内，项目资产的所有权在债券存续期内由原始权益人转至 SPV，而运营权与决策权属于原始受益人，债券到期后，项目的所有权回到原始权益人手中<br>②SPV 不参与运营，不必担心外商或私营机构控制，应用更广泛<br>③资金来源：ABS 通过证券市场发行债券方式筹集资金<br>④对项目所在国的影响：BOT 会给东道国带来负面效应，但 ABS 较少出现<br>⑤风险分散度：BOT 风险主要由政府、投资者/经营者、贷款机构承担，ABS 则由众多投资者承担（风险分散），而且债券可以在二级市场转让，变形能力更强（风险小）<br>⑥融资成本：BOT 由于过程复杂，成本较高；ABS 过程简单，成本较低 |

13. 【预测题】由私营企业进行项目的建设与运营，从政府方或接受服务方收取费用以回收成本，在运营期结束时，私营企业应将所运营的项目完好地、无债务地归还政府的融资方式是（ ）方式。

A. TOT　　B. BT　　C. ABS　　D. PFI

【解析】PFI 方式是指由私营企业进行项目的建设与运营，从政府方或接受服务方收取费用以回收成本，在运营期结束时，私营企业应将所运营的项目完好地、无债务地归还政府。

【相关考点】见下表。

**PFI 方式**

| | | |
|---|---|---|
| 核心 | 强调私营企业在融资中主动性与主导性的融资方式 | |
| 典型模式 | ①经济上自立的项目<br>②向公共部门出售服务的项目<br>③合资经营项目，项目的控制权必须由私营企业来掌握，公共部门只是一个合伙人的角色 | |
| 优点 | ①使用范围广泛，不仅包括基础设施项目，还包括学校、医院、监狱等（非营利项目也可以采用）<br>②广泛吸引私营企业投资者参与公共物品产出；缓解政府资金压力，提高政府公共物品的产出水平<br>③吸引私营企业的知识、技术和管理方法，提高公共项目的效率和降低产出成本<br>④PFI 方式最大的优势在于政府公共项目投融资和建设管理方式的重要制度创新 | |
| 与 BOT 比较 | 适用领域 | PFI 应用更广泛，可用于非营利性的、公共服务设施等（BOT 方式主要适用于基础设施和市政设施） |
| | 合同类型 | PFI——服务合同（BOT——特许经营合同） |
| | 合同期满处理方式 | PFI：如果没有达到合同规定的收益，私营企业可以继续保持运营权（BOT 结束后无偿交给政府） |

14. 【预测题】下列关于项目融资 ABS 方式特点的说法中，正确的有（ ）。

A. 项目的经营权与决策权在债券存续期内由原始权益人转至 SPV，所有权属于原始权益人

B. 债券到期后，利用项目所产生的收益还本付息并支付各类费用之后，项目的所有权重新回到原始权益人手中

C. SPV 参与运营，不必担心外商或私营机构控制，应用更加广泛

D. 强调通过证券市场发行债券这一方式筹集资金

E. 风险由众多的投资者承担，而且债券可以在二级市场上转让，变现能力强

【解析】在 ABS 融资方式中，根据合同规定，项目的所有权在债券存续期内由原始权益人转至 SPV，而经营权与决策权仍属于原始权益人，故选项 A 错误。

虽在债券存续期内资产的所有权归 SPV 所有，但是资产的运营与决策权仍然归属原始权益人，SPV 不参与运营，不必担心外商或私营机构控制，因此应用更加广泛，故选项 C 错误。

【相关考点】见本节习题 12。

15.【预测题】关于 ABS 融资方式，下列说法正确的是（　　）。

A. 给东道国带来负面效应较少

B. 过程简单，降低了融资成本

C. 不适用对于关系国家经济命脉或包括国防项目在内的敏感项目

D. 通过证券市场发行债券这一方式筹集资金

E. 风险主要由政府、投资者/经营者、贷款机构承担

【解析】对于关系国家经济命脉或包括国防项目在内的敏感项目，采用 BOT 融资方式是不可行的，容易引起政治、社会、经济等各方面的问题；但采用 ABS 方式是可行的，故选项 C 错误。

ABS 融资方式由众多的投资者承担，而且债券可以在二级市场上转让，变现能力强，故选项 E 错误。

【相关考点】见本节习题 12。

16.【预测题】下列融资方式中，（　　）方式的核心旨在增加包括私营企业参与的公共服务或者是公共服务的产出大众化。

A. TOT　　B. PFI　　C. ABS　　D. BOT

【解析】PFI 方式的核心旨在增加包括私营企业参与的公共服务或者是公共服务的产出大众化。

【相关考点】见本节习题 13。

17.【预测题】下列关于 PFI 融资方式的说法中，错误的是（　　）。

A. 项目的合同类型是服务合同

B. 如果私营企业通过正常经营未达到合同规定的收益，可以继续保持运营权

C. 应用面更广

D. 仅限用于基础设施或市政设施，如机场、港口、电厂、公路、自来水厂等，以及自然资源开发项目

【解析】BOT 方式主要用于基础设施或市政设施，如机场、港口、电厂、公路、自来水厂等，以及自然资源开发项目。PFI 方式的应用面更广，除上述项目之外，一些非营利性的、公共服务设施项目（如学校、医院、监狱等）同样可以采用 PFI 融资方式。

【相关考点】见本节习题 13。

18.【2021 年真题】下列评价指标中，属于 PPP 物有所值定性评价的基本评价指标是（　　）。

A. 可融资性　　B. 项目规模大小

C. 运营收入增长潜力　　　　D. 行业示范性

【解析】PPP 物有所值定性评价指标包括全生命周期整合程度、风险识别与分配、绩效导向与鼓励创新、潜在竞争程度、政府机构能力、可融资性六项基本评价指标，以及根据具体情况设置的补充指标。

19. 【2022 年真题】对于核心边界条件和技术经济参数明确、完整，符合国家法律、法规和政府采购政策，且采购中不做更改的 PPP 项目，适宜采用的采购方式是（　　）。

A. 公开招标　　　　B. 竞争性谈判

C. 竞争性磋商　　　　D. 单一来源采购

【解析】公开招标主要适用于核心边界条件和技术经济参数明确、完整，符合国家法律、法规和政府采购政策，且采购中不做更改的项目。

20. 【2023 年真题】政府和社会资本合作项目（PPP）中，原则上由社会资本承担的项目风险有（　　）。

A. 法律和政策风险　　　　B. 项目设计风险

C. 项目财务风险　　　　D. 项目最低需求风险

E. 运营维护风险

【解析】原则上，项目设计、建造、财务和运营维护等商业风险由社会资本承担，法律、政策和最低需求等风险由政府承担，不可抗力等风险由政府和社会资本合理共担。

【相关考点】见下表。

**PPP 模式（联合建设运营）**

<table>
<tr><td>基本含义</td><td colspan="3">政府和社会资本合作，强调合作过程中双方平等、风险分担、利益共享、效率提高及保护公众利益</td></tr>
<tr><td>适用范围</td><td colspan="3">投资规模大、需求长期稳定、价格调整机制灵活、市场化程度较高的基础设施及公共服务类项目</td></tr>
<tr><td rowspan="8">PPP 项目实施方案内容</td><td colspan="3">①项目概况；②风险分配基本框架；③项目运营方式；④交易结构；⑤合同体系；⑥监管架构；⑦采购方式选择</td></tr>
<tr><td rowspan="3">风险分配</td><td>社会资本承担：项目设计、建造、财务、运营维护等商业风险</td><td rowspan="3">原则：分配优化<br>收益对等<br>风险可控</td></tr>
<tr><td>政府承担：法律、政策、最低需求等风险</td></tr>
<tr><td>政府和社会资本共同承担：不可抗力风险</td></tr>
<tr><td rowspan="3">交易结构</td><td colspan="2">投融资结构：项目资本性支出的资金来源、性质和用途，项目资产的形成和转移等</td></tr>
<tr><td colspan="2">回报机制：社会资本取得投资回报的资金来源（使用者付费、可行性缺口补助、政府付费）</td></tr>
<tr><td colspan="2">相关配套：有项目以外的机构提供配套设施和项目所需的上下游服务</td></tr>
<tr><td>合同体系</td><td colspan="2">项目合同（核心—法律文件）、股东、融资、工程承包、运营服务、原料供应、采购、保险合同等</td></tr>
</table>

（续）

<table>
<tr><td rowspan="5">物有所值（VFM）评价</td><td rowspan="3">定性评价</td><td>基本指标</td><td colspan="5">全寿命期整合程度、风险识别与分配、绩效导向与鼓励创新、潜在竞争程度、政府机构能力、可融资性，以及根据具体情况设置的补充指标</td></tr>
<tr><td>补充指标</td><td colspan="5">项目规模大小、预期使用寿命长短、主要固定资产种类、全寿命期成本测算准确性、运营收入增长潜力、行业示范性</td></tr>
<tr><td colspan="6">专家打分法：基本指标权重≤80%（其中任一指标权重≤20%）；补充指标权重≤20%（其中任一指标权重≤10%）</td></tr>
<tr><td>定量评价</td><td colspan="6">净成本的现值（PPP 值）≤公共部门比较值（PSC 值），通过定量评价；反之未通过</td></tr>
<tr><td>评价报告</td><td colspan="6">报省级财政部门备案，并将报告电子版上传 PPP 综合信息平台</td></tr>
<tr><td>财政承受能力论证</td><td colspan="7">①责任识别：财务支出责任，主要包括股权投资、运营补贴、风险承担、配套投入等<br>②指出测算：综合考虑各类支出责任特点、情景和发生概率等因素<br>③能力评估：包括财政能力支出评估、行业和领域平衡性评估。每年度全部 PPP 项目支出占一般公共预算支出比例≤10%</td></tr>
<tr><td rowspan="5">与 BOT 比较</td><td>融资方式</td><td>机构</td><td>融资任务</td><td>风险</td><td>关系协调</td><td>控制权</td><td>参与过程</td></tr>
<tr><td rowspan="2">BOT（雇佣）</td><td>政府</td><td>小</td><td>小</td><td>弱</td><td>小</td><td>决策、设计</td></tr>
<tr><td>民营</td><td>大</td><td>大</td><td>弱</td><td>大</td><td>设计、建造、融资、运营</td></tr>
<tr><td rowspan="2">PPP（合作）</td><td>政府</td><td>共同</td><td>共同</td><td>强</td><td>共同</td><td>全过程（共同）</td></tr>
<tr><td>民营</td><td>共同</td><td>共同</td><td>强</td><td>同</td><td>全过程（共同）</td></tr>
</table>

## 二、参考答案

| 题号 | 1 | 2 | 3 | 4 | 5 | 6 | 7 | 8 | 9 |
|---|---|---|---|---|---|---|---|---|---|
| 答案 | ABCD | ABE | ABC | DE | DE | B | ABCD | BCE | A |
| 题号 | 10 | 11 | 12 | 13 | 14 | 15 | 16 | 17 | 18 |
| 答案 | A | B | C | D | BDE | ABD | B | D | A |
| 题号 | 19 | 20 | | | | | | | |
| 答案 | A | BC | | | | | | | |

# 第四章 建设工程决策阶段的投资控制

## 第一节 项目可行性研究

### 一、历年真题、预测题及解析

1. **【2022 年真题】** 下列可行性研究内容中，属于市场预测分析的是（　　）。

A. 主要投入物供应现状　　　　B. 工艺技术和主要设备方案

C. 项目组织机构和人力资源配置　　　　D. 项目资金来源及使用条件

**【解析】** 可行性研究中关于市场预测分析包括产品（服务）市场分析、主要投入物市场预测、市场竞争力分析、营销策略、市场风险分析。

选项 B、C 属于建设方案研究和比选，选项 D 属于投资估算与资金筹措。

2. **【2023 年真题】** 在项目可行性研究阶段，建设方案研究和比选应包括的内容是（　　）。

A. 工艺技术和主要设备方案　　　　B. 项目监理工作方案

C. 项目施工组织设计　　　　D. 危大工程施工应急预案

**【解析】** 建设方案研究与比选主要包括：①产品方案与建设规模；②工艺技术和主要设备方案；③厂（场）址选择；④主要原材料、辅助材料、燃料供应；⑤总图运输和土建方案；⑥公用工程；⑦节能、节水措施；⑧环境保护治理措施方案；⑨安全、职业卫生措施和消防设施方案；⑩项目的组织机构与人力资源配置等；⑪对政府投资项目还应包括招标方案和代建制方案等。

3. **【2020 年真题】** 下列文件资料中，属于项目可行性研究依据的是（　　）。

A. 经投资主管部门审批的投资概算

B. 经投资各方审定的初步设计方案

C. 建设项目环境影响评价报告书

D. 合资项目各投资方签订的协议书或意向书

【解析】可行性研究的依据主要有：①相关的法律、法规；②国家、地方、社会或行业发展规划；③项目建议书；④有关机构发布的标准、规范、定额；⑤拟建厂（场）址的自然、社会、经济概况等基础资料；⑥合资、合作项目各方签订的协议书；⑦与拟建项目有关的市场信息资料或社会公众要求等；⑧有关专题研究报告：市场分析、竞争力分析等。

【相关考点】见下表。

可行性研究

| 可行性研究的作用 | 可行性研究的依据 | 可行性研究的内容 |
|---|---|---|
| ①进行投资决策的依据<br>②筹措资金和申请贷款的依据<br>③编制初步设计文件的依据 | ①相关的法律、法规<br>②国家、地方、社会或行业发展规划<br>③项目建议书<br>④有关机构发布的标准、规范、定额<br>⑤拟建厂（场）址的自然、社会、经济概况等基础资料<br>⑥合资、合作项目各方签订的协议书<br>⑦与拟建项目有关的市场信息资料或社会公众要求等<br>⑧有关专题研究报告：市场分析、竞争力分析等 | ①项目建设的必要性<br>②市场预测分析<br>③建设方案的比选<br>④投资估算及资金筹措<br>⑤财务分析<br>⑥国民经济分析<br>⑦经济影响分析<br>⑧资源利用分析<br>⑨土地利用及移民搬迁安置分析<br>⑩社会评价及社会影响分析<br>⑪风险分析<br>⑫研究结论 |

4. 【预测题】可行性研究的作用包括（ ）。

A. 取得安全生产许可证的依据
B. 政府投资主管部门审批决策的依据
C. 编制申请报告的依据
D. 申请贷款的依据
E. 进行项目施工图设计的依据

【解析】可行性研究的作用：①进行投资决策的依据；②筹措资金和申请贷款的依据；③编制初步设计文件的依据。

【相关考点】见本节习题3。

5. 【预测题】项目可行性研究的重点是研究论证项目建设的（ ）。

A. 必要性
B. 可行性
C. 差异性
D. 时效性
E. 合理性

【解析】项目可行性研究的重点是研究论证项目建设的必要性和可行性。

## 二、参考答案

| 题号 | 1 | 2 | 3 | 4 | 5 |
|---|---|---|---|---|---|
| 答案 | A | D | D | BCD | AB |

# 第二节　资金的时间价值

## 一、历年真题及解析

1.【**2021年真题**】某项两年期借款，年利率为6%，按月复利计息，每季度结息一次，则该项借款的季度实际利率为（　　）。

A. 1.508%　　B. 1.534%

C. 1.542%　　D. 1.589%

【**解析**】季度实际利率 $i_{eff}=(1+6\%/12)^3-1=0.01508\times100\%=1.508\%$。

【**相关考点**】见本节习题2。

2.【**2019年真题**】某银行给企业贷款100万元，年利率为4%，贷款年限3年，到期后企业一次性还本付息，利息按复利每半年计息一次，到期后企业应支付给银行的利息为（　　）万元。

A. 12.000　　B. 12.616

C. 24.000　　D. 24.973

【**解析**】根据公式：$I=F-P=P[(1+i)^n-1]=100\times[(1+2\%)^6-1]=12.616$（万元）。

【**相关考点**】

（1）单利和复利的计算。

1）单利（利不生利、本金不变）。

$$F=P(1+ni)$$

$$I=Pni$$

2）复利（利生利）。

$$F=P(1+i)^n$$

$$I=P[(1+i)^n-1]$$

（2）实际利率和名义利率（单利计息和复利计息的区别）。

已知名义利率（$r$），计息周期数（$m$），周期有效利率（实际利率）。

$$i_{eff}=\left(1+\frac{r}{m}\right)^m-1$$

3.【**2018年真题**】某公司申请银行贷款200万元，月利率1.5%，贷款期限为5个月，按复利计算，一次性还款，到期后应还款（　　）万元。

A. 215.46　　B. 215.00

C. 203.02　　D. 203.00

【**解析**】根据一次支付终值公式，该贷款到期后的本利和等于应还款金额：$F=P(1+i)^n=200\times(1+1.5\%)^5=215.46$（万元）。

【相关考点】见本节习题2。

4. 【2017年真题】某企业年初从金融机构借款3000万元，月利率1%，按季复利计息，年末一次性还本付息，则该企业年末需要向金融机构支付的利息为（　　）万元。

A. 360.00　　B. 363.61

C. 376.53　　D. 380.48

【解析】由于月利率为1%，则年名义利率=12%；年末一次性还本付息时，该企业年末需要向金融机构支付的利息=$3000\times[(1+12\%/4)^4-1]=376.53$（万元）。

【相关考点】见本节习题2。

5. 【2016年真题】施工单位从银行贷款2000万元，月利率为0.8%，按月复利计息，两月后应一次性归还银行本息共计（　　）万元。

A. 2008.00　　B. 2016.00

C. 2016.09　　D. 2032.13

【解析】根据复利本利和计算公式，该贷款到期后的本利和应还款金额 $F=P(1+i)^n=2000\times(1+0.8\%)^2=2032.13$（万元）。

【相关考点】见本节习题2。

6. 【2016年真题】建设单位从银行贷款1000万元，贷款期为2年，年利率6%，每季度计息一次，则贷款的年实际利率为（　　）。

A. 6%　　B. 6.12%

C. 6.14%　　D. 12%

【解析】根据公式：$i_{\text{eff}}=\left(1+\frac{r}{m}\right)^m-1=\left(1+\frac{6\%}{4}\right)^4-1=0.06136\times100\%=6.14\%$。

【相关考点】见本节习题2。

7. 【2015年真题】某建筑单位新建项目，从银行贷款200万元，贷款期限为6年，6年后一次性还本付息，年贷款复利利率为4%。该笔贷款还本付息总额为（　　）万元。

A. 243.33　　B. 248.00

C. 252.50　　D. 253.06

【解析】复利法是各期的利息分别按原始本金与累计利息之和计算的计息方式，即每期计算的利息计入下期的本金，下期将按本利和的总额计息。在按复利法计息的情况下，除本金计息外，利息也计利息，计算公式为：$F=P(1+i)^n$。该笔贷款按复利法进行一次性还本付息时，$F=200\times(1+4\%)^6=253.06$（万元）。

【相关考点】见本节习题2。

8. 【2022年补考真题】某公司年初存入银行15万元，年利率6%，按季度复利计息，到第6年年末，存款到期后的利息是（　　）万元。

A. 6.12　　B. 6.56

C. 6.73　　D. 6.44

【解析】$I=P\times[(1+i)^n-1]=15\times[(1+6\%/4)^{24}-1]=6.44$（万元）

9. 【2013 年真题】某人以 8% 单利借出 15000 元，借款期为 3 年，收回后以 7% 复利将上述借出资金的本利和再次借出，借款期为 10 年，此人在第 13 年年末可以获得的复本利和是（ ）万元。

A. 3.3568　　B. 3.4209

C. 3.5687　　D. 3.6586

【解析】以 7% 复利计算时，$F = P(1+i)^n = (15000 \times 8\% \times 3 + 15000) \times (1+7\%)^{10} =$ 36586（元）$=3.6586$（万元）。

【相关考点】见本节习题 2。

10. 【2023 年真题】某项目年初向银行借款 1000 万元，年利率 3%，按年复利计息，从借款年当年末起连续 3 年末等额还本付息，则每年末应偿还的金额为（ ）万元。

A. 343　　B. 344

C. 353　　D. 364

【解析】$A = P\dfrac{i(1+i)^n}{(1+i)^n - 1} = 1000 \times \dfrac{3\% \times (1+3\%)^3}{(1+3\%)^3 - 1} = 353.53$（万元）

11. 【2022 年真题】连续三年年初购买 10 万元理财产品，第三年年末一次性兑付本息。该理财产品年利率为 3.5%，按年复利计息，则第 3 年年末累计可兑付本息（ ）万元。

A. 30.70　　B. 31.05

C. 31.06　　D. 32.15

【解析】第三年年初：$F = A\dfrac{(1+i)^n - 1}{i} = 10 \times [(1+3.5\%)^3 - 1] / 3.5\% = 31.06$（万元）；第三年年末：$31.06 \times (1+3.5\%) = 32.15$（万元）。

## 二、参考答案

| 题号 | 1 | 2 | 3 | 4 | 5 | 6 | 7 | 8 | 9 |
|---|---|---|---|---|---|---|---|---|---|
| 答案 | A | B | A | C | D | C | D | D | D |
| 题号 | 10 | 11 | | | | | | | |
| 答案 | C | D | | | | | | | |

# 第三节 投资估算

## 一、历年真题、预测题及解析

1. 【2021 年真题】采用生产能力指数法估算某拟建项目的建设投资，拟建项目规模为已建类似项目规模的5倍，且是靠增加相同规格设备数量达到的，则生产能力指数的合理取值范围是（　　）。

A. 0.2～0.5　　B. 0.6～0.7　　C. 0.8～0.9　　D. 1.1～1.5

**【解析】** 生产能力指数法的关键是生产能力指数的确定，一般要结合行业特点确定，并应有可靠的例证。正常情况下，$0 \leqslant x \leqslant 1$。不同生产率水平的国家和不同性质的项目中，$x$ 的取值是不同的。若已建类似项目规模和拟建项目规模的比值为0.5～2，$x$ 的取值近似为1；若已建类似项目规模与拟建项目规模的比值为2～50，且拟建项目生产规模的扩大仅靠增大设备规模来达到时，则 $x$ 的取值为0.6～0.7；若是靠增加相同规格设备的数量达到时，$x$ 的取值为0.8～0.9。

2. **【2020年真题】** 采用设备系数法估算拟建项目投资时，建筑安装工程费应以拟建项目的设备费为基数，根据（　　）计算。

A. 已建成同类项目建筑安装工程费与拟建项目设备费的比率

B. 拟建项目建筑安装工程量与已建成同类项目建筑安装工程量的比率

C. 已建成同类项目建筑安装工程费占设备价值的百分比

D. 已建成同类项目建筑安装工程费占总投资的百分比

**【解析】** 设备系数法是指以报建项目的设备购置费为基数，根据已建成的同类项目的建筑安装费和其他工程费等与设备价值的百分比，求出拟建项目建筑安装工程费和其他工程费，进而求出项目投资额。

**【相关考点】**

系数估算法是以已知的拟建建设项目主体工程费或主要生产工艺设备费为基数，以其他辅助或配套工程费占主体工程费或主要生产工艺设备费的百分比为系数，进行估算拟建建设项目相关投资额的方法。本办法主要应用于设计深度不足、拟建建设项目与类似建设项目的主体工程费或主要生产工艺设备投资比重较大、行业内相关系数等基础资料完备的情况。

设备系数法（以拟建项目的设备购置费为基数）见下列公式。

$$C = E(1 + f_1P_1 + f_2P_2 + f_3P_3 + \cdots) + I$$

式中　$C$——拟建项目投资；

$E$——拟建项目根据当时当地价格计算的设备购置费；

$P_1$、$P_2$、$P_3$⋯——已建成类似项目中建筑安装工程费及其他工程费等与设备购置费的比重；

$f_1$、$f_2$、$f_3$⋯——不同建设时间、地点而产生的定额、价格、费用标准等差异的调整系数；

$I$——拟建项目的其他费用

3. **【2023年真题】** 项目可行性研究阶段进行的投资估算，在项目建设过程中的作用有（　　）。

A. 作为项目投资决策的重要依据　　B. 对工程设计概算起控制作用

C. 作为编制施工最高投标限价的依据　　　　D. 作为项目资金筹措的依据

E. 作为办理工程竣工结算的重要依据

【解析】投资估算在项目建设过程中的作用、依据和内容见下表。

投资估算

| 投资估算的作用 | 投资估算的依据 | 投资估算的内容 |
|---|---|---|
| ①项目建议书阶段的投资估算是项目主管部门审批项目建议书的依据之一，并对项目的规划、规模起参考作用<br>②可行性研究阶段是项目投资决策的重要依据，也是研究、分析、计算项目投资经济效果的重要条件<br>③项目投资估算对设计概算起控制作用，可行性研究报告批准后，设计概算应控制在投资估算额之内<br>④可作为项目资金筹措及制订建设贷款计划的依据<br>⑤是核算建设项目固定资产投资需要额和编制固定资产投资计划的重要依据<br>⑥是建设工程设计招标、优选设计单位和设计方案的重要依据 | ①国家、行业及地方有关规定<br>②相应的投资估算指标<br>③工程勘察设计文件<br>④类似工程的经济技术指标、参数<br>⑤项目所在地同期的“人、材、机”市场价格，设备价格及相关费用<br>⑥合资、合作项目各方签订的协议书<br>⑦政府有关部门或金融机构发布的价格指数、利率、汇率、税率等<br>⑧委托单位提供的有关协议合同及其他技术经济资料 | ①三级估算：单位工程、单项工程、建设项目投资估算<br>②可行性研究阶段的投资估算应编制单项工程投资估算表，单项工程投资估算表纵向应分解到主要单位工程费，横向应分解到建筑工程费、设备购置费、安装工程费 |

4. 【**2022 年补考真题**】已知建设年产 40 万吨乙烯装置的投资额为 80 亿元，现有一年产 90 万吨乙烯装置，工程条件与上述装置类似，估算该装置的投资额为（　　）亿元。（生产能力指数 $n=0.7$，$f=1.4$）

A. 180　　　B. 245　　　C. 197.58　　　D. 168.92

【解析】$C_2 = C_1\left(\frac{Q_2}{Q_1}\right)^n f = 80\times(90/40)^{0.7}\times 1.4 = 197.58$（亿元）

【相关考点】

**生产能力指数法**

生产能力指数法是根据已建成的类似建设项目生产能力和投资额，进行粗略估算拟建建设项目相关投资额的方法。主要适用于设计深度不足、拟建建设项目与类似建设项目的规模不同、设计定型并系列化、行业内相关指数和系数等基础资料完备的情况。

$$C_2 = C_1\left(\frac{Q_2}{Q_1}\right)^n f$$

式中　$C_1$——已建成类似项目的投资额；

$C_2$——拟建项目投资额；

$Q_1$——已建成类似项目的生产能力；

$Q_2$——拟建项目的生产能力；

$f$——不同时期、不同地点的定额、单价、费用和其他差异的综合调整系数；

$n$——生产能力指数。

5. 【预测题】投资估算的编制方法中，以拟建项目的主体工程费为基数，以其他辅助或配套工程费占主体工程费的百分比为系数，估算拟建项目投资的方法是（　　）。

A. 单位生产能力估算法　　B. 生产能力指数法

C. 系数估算法　　D. 比例估算法

【解析】系数估算法是以已知的拟建建设项目主体工程费或主要生产工艺设备费为基数，以其他辅助或配套工程费占主体工程费或主要生产工艺设备费的百分比为系数，进行估算拟建建设项目相关投资额的方法。

【相关考点】见本节习题2。

6. 【2022 年真题】某生产性项目正常生产年份应收账款、预付账款、存货、现金的平均占用额度分别为 100 万元、80 万元、300 万元和 50 万元，应付账款、预收账款的平均余额分别为 90 万元和 120 万元，则该项目估算的流动资金为（　　）万元。

A. 270　　B. 320　　C. 410　　D. 480

【解析】流动资金 = 流动资产 − 流动负债 = 应收账款 + 预付账款 + 存货 + 库存现金 −（应付账款 + 预收账款）= 100 + 80 + 300 + 50 −（90 + 120）= 320（万元）。

7. 【预测题】流动资产的构成要素一般包括（　　）。

A. 存货　　B. 库存现金

C. 应收账款　　D. 预付账款

E. 预收账款

【解析】流动资产的构成要素一般包括存货、库存现金、应收账款和预付账款；流动负债的构成要素一般包括应付账款和预收账款。

## 二、参考答案

| 题号 | 1 | 2 | 3 | 4 | 5 | 6 | 7 |
|---|---|---|---|---|---|---|---|
| 答案 | C | C | ABD | C | C | B | ABCD |

# 第四节　财务和经济分析

## 一、历年真题、预测题及解析

1. 【2021 年真题】某项目建设投资 1200 万元，建设期贷款利息 100 万元，铺底流动资金 90 万元，铺底流动资金为全部流动资金的 30%，项目正常生产年份税前利润 260 万元，年利息 20 万元，则该项目的总投资收益率为（　　）。

A. 16.25%　　B. 17.50%　　C. 20.00%　　D. 20.14%

**【解析】** 总投资收益率 = 息税前利润/总投资 = [(260 + 20)/(1200 + 100 + 90/30%)] × 100% = 17.5%。

**【相关考点】** 见本节习题 8。

2. **【2022 年真题】** 某具有常规现金流量的项目，折现率为 9% 时，项目财务净现值为 120 万元；折现率为 11% 时，项目财务净现值为 −230 万元。若基准收益率为 10%，则下列关于该项目财务分析指标及可行性的说法中，正确的是（　　）。

A. IRR > 10%，NPV < 0，项目不可行

B. IRR > 10%，NPV ≥ 0，项目可行

C. IRR < 10%，NPV < 0，项目不可行

D. IRR < 10%，NPV ≥ 0，项目可行

**【解析】** IRR = 9% + [120/(120 + 230)] × (11% − 9%) = 9.69% < 10%，则 NPV < 0，故选项 C 正确。

3. **【2022 年真题】** 某项目建设期 2 年，计算期 8 年，总投资为 1100 万元，全部为自有资金投入，计算期现金流量见下表，基准收益率 5%。下列关于该项目财务分析的说法中，正确的有（　　）。

| 年序 | 1 | 2 | 3 | 4 | 5 | 6 | 7 | 8 |
|---|---|---|---|---|---|---|---|---|
| 净现金流量/万元 | −400 | −700 | 100 | 200 | 200 | 200 | 200 | 200 |

A. 运营期第 3 年的资本金净利润率为 18.2%

B. 项目总投资收益率高于资本金净利润率

C. 项目静态投资回收期为 8 年

D. 项目内部收益率小于 5%

E. 项目财务净现值小于 0

**【解析】** 现金流量表中体现的是净现金流，无法体现利润，故根据现金流量表无法计算投资利润率，应当根据投资利润表来计算，故选项 A 错误。

本项目全部为自有资金投入，即总投资 = 资本金，而息税前利润一定大于净利润（息税前利润 = 净利润 + 所得税 + 利息），故选项 B 正确。

本项目现金流量表见下表。

| 年序 | 1 | 2 | 3 | 4 | 5 | 6 | 7 | 8 |
|---|---|---|---|---|---|---|---|---|
| 净现金流量 | −400 | −700 | 100 | 200 | 200 | 200 | 200 | 200 |
| 累计净现金流量 | −400 | −1100 | −1000 | −800 | −600 | −400 | −200 | 0 |

累计净现金流在第 8 年末为 0，故静态投资回收期为 8 年，选项 C 正确。

$NPV = -400\times(1+5\%)^{-1} - 700\times(1+5\%)^{-2} + 100\times(1+5\%)^{-3} + 200\times(1+5\%)^{-4} + 200\times(1+5\%)^{-5} + 200\times(1+5\%)^{-6} + 200\times(1+5\%)^{-7} + 200\times(1+5\%)^{-8} = -181.50$ 万元，$NPV<0$，则 $IRR<i_c$，故选项 D、E 正确。

4. **【2021 年真题】** 某具有常规现金流量的投资项目，建设期 2 年，计算期 12 年，总投资 1800 万元，投产后净现金流量如下表。项目基准收益率为 8%，基准动态投资回收期为 7 年，财务净现值为 150 万元，下列关于该项目财务分析的说法中，正确的有（　　）。

| 年序 | 3 | 4 | 5 | 6 | 7 | … | 12 |
|---|---|---|---|---|---|---|---|
| 净现金流量/万元 | 200 | 400 | 400 | 400 | 400 | … | 400 |

A. 项目内部收益率小于 8%

B. 项目静态投资回收期为 7 年

C. 用动态投资回收期评价，项目不可行

D. 计算期第 5 年投资利润率为 22.2%

E. 项目动态投资回收期小于 12 年

**【解析】** 项目基准收益率为 8% 时计算的财务净现值为 150 万元，净现值为 0 时的内部收益率要大于净现值为正值时的收益率，即大于 8%，故选项 A 错误。

根据各年的净现金流量，累加到第 7 年的净现金流量 = −1800 + 200 + 400 + 400 + 400 + 400 = 0，所以静态投资回收期为 7 年，故选项 B 正确。

同一项目的静态投资回收期必然大于动态投资回收期，所以该项目的动态投资回收期 > 7，同时也大于基准动态投资回收期（7 年），则该项目不可行，故选项 C 正确。

现金流量表中无法体现利润，应当依据投资利润表来计算投资利润率，选项 D 错误。

动态投资回收期是项目累计现值等于 0 时的时间，第 12 年时净现值已经达到 150 万元，说明在 12 年之前就已经出现了动态回收期，所以项目动态投资回收期小于 12 年，故选项 E 正确。

**【相关考点】** 综合考点。

5. **【2021 年真题】** 下列关于项目财务分析和经济分析关系的说法中，正确的有（　　）。

A. 财务分析的数据资料是经济分析的基础

B. 两种分析所站立场和角度相同

C. 两种分析的内容和方法相同

D. 两种分析的依据和分析结论的时效性不同

E. 两种分析计量费用和效益的价格尺度不同

**【解析】** 经济分析和财务分析的联系：①财务分析是经济分析的基础；②在大型项目中，经济分析是财务分析的前提。

区别：①出发点和目的不同；②费用和效益的组成不同；③分析对象不同；④计量费用与效益的价格尺度不同；⑤分析内容和方法不同；⑥采用的评价标准和参数不同；⑦分析时

效性不同。

6. 【2022 年真题】项目经济分析可采用的参数和指标有（　　）。

A. 社会折现率　　B. 经济净现值

C. 投资收益率　　D. 经济效益费用比

E. 累积净现金流量

【解析】

| 经济费用效益分析参数和指标 | |
|---|---|
| 经济净现值 | 按照社会折现率将计算期内各年经济净效益流量折现到建设期初的现值之和（ENPV），ENPV ≥0，项目可以接受 |
| 经济内部收益率 | 项目在计算期内经济净效益流量的现值累计等于 0 时的折现率（EIRR），EIRR≥社会折现率，项目可以接受 |
| 经济效益费用比 | 计算期内效益流量的现值与费用流量的现值之比（RBC），RBC>1，项目可以接受 |

7. 【2020 年真题】某项目现金流量见下表，则第 3 年初的净现金流量为（　　）万元。

| 年序 | 1 | 2 | 3 | 4 | 5 |
|---|---|---|---|---|---|
| 现金流入/万元 | | 100 | 700 | 800 | 800 |
| 现金流出/万元 | 500 | 500 | 400 | 300 | 300 |

A. −500　　B. −400　　C. 300　　D. 500

【解析】见下表。

| 年序 | 1 | 2 | 3 | 4 | 5 |
|---|---|---|---|---|---|
| 现金流入/万元 | | 100 | 700 | 800 | 800 |
| 现金流出/万元 | 500 | 500 | 400 | 300 | 300 |
| 净现金流量/万元 | −500 | −400 | 300 | 500 | 500 |

第 3 年年初即为第 2 年年末，故净现金流量为 −400 万元。

8. 【2020 年真题】某项目建设投资为 2000 万元（含建设期贷款利息 50 万元），其中项目资本金 1450 万元，全部流动资金为 500 万元；运营期年平均息税前利润 230 万元，年平均借款利息 20 万元。则项目的总投资收益率为（　　）。

A. 9.2%　　B. 10.0%　　C. 11.5%　　D. 12.5%

【解析】总投资收益率 = 正常年份或年平均息税前利润/（建设投资 + 全部流动资金）= 230/（2000 + 500）= 9.2%。

注意：新教材中建设投资不含建设期利息，而本题明确说明建设投资已包含建设期利息，故按照题干来进行计算。

**【相关考点】** 见下表。

**投资收益率**

| | | |
|---|---|---|
| 投资收益率：$R=(A/I)\times100\%$，盈利能力静态指标，正常年份（达产期）的年净收益额与技术方案投资的比率（计算简便，但没有考虑投资收益的时间因素，正常年份选取比较困难；带有一定的不确定性和人为因素；因此作为主要的决策依据不太可靠） | 总投资收益率，ROI＝EBIT/TI<br>EBIT为息税前利润（净利润＋所得税＋利息支出或者利润总额＋利息支出）；TI为技术方案总投资（建设投资＋建设期利息＋流动资金） | 应大于同行业平均投资收益率（总投资收益率越高，从技术方案所获得的收益就越高） |
| | 资本金净利润率，ROE＝NP/EC，NP为净利润<br>EC为技术方案资本金 | 应大于同行业平均投资收益率（资本金净利率越高，资本金获得的利润就越高，权益投资盈利水平就越高） |

9. **【2020年真题】** 某常规投资项目，在不同收益率下的项目净现值见下表，则采用线性内插法计算的项目内部收益率IRR为（　　）。

| 收益率（$i$） | 8% | 10% | 11% | 12% |
|---|---|---|---|---|
| 项目净现值/万元 | 220 | 50 | －20 | －68 |

A. 9.6%　　B. 10.3%　　C. 10.7%　　D. 11.7%

**【解析】** 当收益率（$i_1$）为10%时，项目净现值（$NPV_1$）为50万元；当收益率（$i_2$）为11%时，项目净现值（$NPV_2$）为－20万元。则根据内插法计算内部收益率（IRR）：

$$IRR=i_1+\frac{NPV_1}{NPV_1+|NPV_2|}(i_2-i_1)$$

可得：$IRR=10\%+\frac{50}{50+20}\times(11\%-10\%)=10.7\%$。

**【相关考点】**

内部收益率是使方案在计算期内各年净现金流量的现值累计等于零时的折现率。

IRR是NPV函数曲线与横轴的交点，即$NPV(i)=0$时的折现率（$i$），如下图所示。

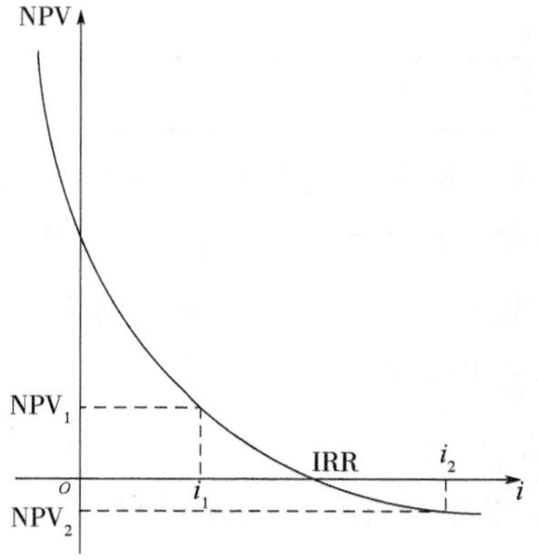


IRR的计算：

$$IRR=i_1+\frac{NPV_1}{NPV_1+|NPV_2|}(i_2-i_1)$$

判别：$IRR \geq i_c$，则技术方案在经济上可以接受；

$IRR < i_c$，则技术方案在经济上不可以接受。

优点：①考虑了时间价值及整个计算期内的经济状况；②大小不受外部参数影响。

缺点：计算比较复杂。

10. **【预测题】** 下列关于技术方案总投资收益率的说法中，正确的是（　　）。

A. 总投资收益率高于同期银行贷款利率时，举债不利于提高技术方案收益

B. 总投资收益率指标充分体现了资金的时间价值

C. 总投资收益率越高，说明技术方案获得的收益越多

D. 投资收益率指标作为主要的决策依据比较客观，不受人为因素影响

**【解析】** 总投资收益率高于同期银行贷款利率时适度举债，有利于提高技术方案收益，故选项 A 错误。

总投资收益率是技术方案盈利能力的静态指标，不考虑资金的时间价值，故选项 B 错误。

投资收益率没有考虑资金的时间价值，指标的主观随意性太强，受人为因素的影响，因此作为主要的决策依据不太可靠，故选项 D 错误。

**【相关考点】** 见本节习题 8。

11. **【预测题】** 某技术方案有三个投资者共同投资，若要比较三个投资者的财务内部收益率是否均衡，则适宜采用的现金流量表是（　　）。

A. 投资现金流量表　　B. 资本金现金流量表

C. 投资各方现金流量表　　D. 财务计划现金流量表

**【解析】** 要比较三个投资者的财务内部收益率是否均衡，需要分别编制每个投资方的现金流量表，即投资各方现金流量表。

**【相关考点】** 见下表。

**现金流量表**

| 项目 | 投资现金流量表（融资前） | 资本金现金流量表（融资后） | 投资各方现金流量表 | 财务计划现金流量表 |
|---|---|---|---|---|
| 设置角度 | 整个技术方案 | 权益投资者整体（项目法人） | 各投资者 | |
| 计算基础 | 项目总投资 | 项目资本金 | 投资者出资额 | |
| 现金流入及流出 | 整个计算期内的现金流入和流出 | 借款本金偿还和利息支付当作流出 | | 投资、融资及经营活动的现金流入及流出 |
| 计算的指标 | 财务内部收益率、财务净现值、静态投资回收期，考察项目融资前的盈利能力 | 资本金财务内部收益率（用于比选融资方案）反映投资者权益投资的盈利能力 | 投资各方财务内部收益率（投资各方有股权分配之外不均等的利益分配时，才计算） | 累计盈余资金，分析技术方案的生存能力 |

12. 【预测题】可据以计算累计盈余资金，分析技术方案财务生存能力的现金流量表是（　　）。

A. 财务计划现金流量表　　B. 投资各方现金流量表

C. 资本金现金流量表　　D. 投资现金流量表

【解析】财务计划现金流量表反映技术方案计算期各年的投资、融资及经营活动的现金流入和流出，用于计算累计盈余资金，分析技术方案的财务生存能力。

【相关考点】见本节习题11。

13. 【预测题】资本金现金流量表中，作为现金流出的项目有（　　）。

A. 借款本金偿还　　B. 回收固定资产余值

C. 回收流动资金　　D. 借款利息支付

E. 经营成本

【解析】借款本金偿还、借款利息支付、经营成本都是资本金现金流量表的流出项目，回收固定资产余值、回收流动资金是资本金现金流量表的流入项目。

【相关考点】见本节习题11。

14. 【2019年真题】下列关于净现值指标的说法中，正确的是（　　）。

A. 该指标能够直观地反映项目在运营期内各年的经营成果

B. 该指标可直接用于不同寿命期互斥方案的比选

C. 该指标小于零时，项目在经济上可行

D. 该指标大于或等于零时，项目在经济上可行

【解析】净现值不能直观地反映项目在运营期内各年的经营成果，故选项A错误。

在互斥方案比较时，净现值必须考虑互斥方案的寿命，如果寿命不相等，必须构造一个相同的分析期限，才能进行方案比选，故选项B错误。

净现值大于或等于零时，项目在经济上可行，故选项C错误，选项D正确。

【相关考点】

**净现值（累计净现金流量现值）**

$$NPV = (CI-CO)_0 + (CI-CO)_1(1+i_c)^{-1} + (CI-CO)_2(1+i_c)^{-2} + \cdots\cdots + (CI-CO)_n(1+i_c)^{-n}$$

注意：总共是$n+1$项现值求和，不要忘记零点上的$(CI-CO)_0$

判别：当NPV≥0时，说明方案能满足基准收益率要求的盈利水平（不是说明方案盈利），故在经济上是可行的。

优点：考虑了资金的时间价值，并全面考虑了整个计算期的经济状况；经济意义明确直观。

缺点：①必须确定一个符合经济现实的基准收益率；在互斥方案比较时，净现值必须考虑互斥方案的寿命，如果寿命不相等，必须构造一个相同的分析期限，才能进行方案比选；②净

现值不能反映项目投资中单位投资的使用效率，不能直接说明在项目运营期隔年的运营成果。

15. **【2019 年真题】** 下列关于投资回收期的说法中，正确的有（　　）。

A. 静态投资回收期就是方案累计现值等于零时的时间（年份）

B. 静态投资回收期是在不考虑资金时间价值的条件下，以项目的净收益回收其全部投资所需要的时间

C. 静态投资回收期可以从项目投产年开始算起，但应予以注明

D. 静态投资回收期可以从项目建设年开始算起，但应予以注明

E. 动态投资回收期一般比静态投资回收期短

**【解析】** 静态投资回收期不考虑资金时间价值，因此是方案累计净现金流量等于零的时间，而不是累计现值等于零的时间，故选项 A 错误。

投资回收期可以自建设期开始年算起，也可以自项目投产年开始算起，从项目投产年开始算起的应予以注明，故选项 C 正确，选项 D 错误。

动态投资回收期要考虑资金时间价值，一般比静态投资回收期长，故选项 E 错误。

**【相关考点】**

**投资回收期**

①静态投资回收期：指在不考虑资金时间价值的情况下，以项目净收益回收期全部投资所需要的时间。投资回收期可以自项目建设开始年算起（默认），也可以自项目投产年开始算起（应予以注明）。

当项目建成投产后各年的净收益（即净现金流量）均相等时：

$$P_t = \frac{\text{项目总投资}}{\text{每年净收益}}$$

当项目建设投产后各年的净收益不相同时，如下图所示：

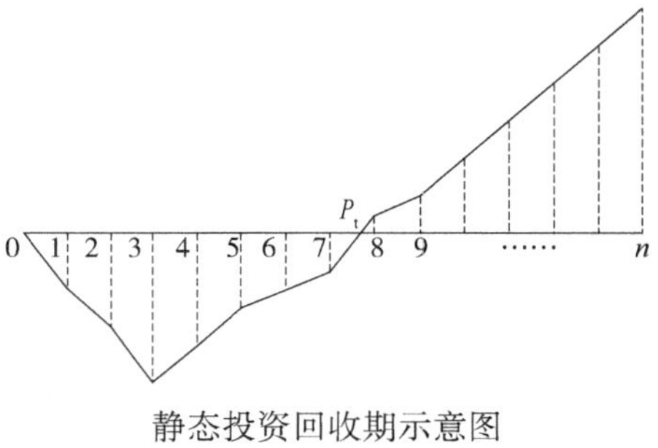


静态投资回收期示意图

$$P_t = (\text{累计净现金流量首次出现正值的年份} - 1) + \frac{\text{上一年累计净现金流量的绝对值}}{\text{出现正值年份的净现金流量}}$$

判别：若 $P_t \leqslant P_c$，则项目方案在经济上可以考虑接受（$P_c$ 为确定的基准投资回收期）。

②动态投资回收期：是指将方案各年的净现金流量按照基准收益率折成现值后再来推算投资回收期（先折现后累计）。

$$P_t = (\text{累计净现金流量现值出现正值的年数} - 1) + \frac{\text{上一年累计净现金流量现值的绝对值}}{\text{出现正值年份的净现金流量现值}}$$

判别：同上。

注意：静态投资回收期判断方案在经济上可以接受，若考虑资金的时间价值，用折现法计算出的动态投资回收期，要比静态投资回收期长些，该方案未必能被接受。

优点：一定程度上显示了资本的周转速度，比较适合那些技术上更新迅速或资金相对短缺或投资者特别关心资金补偿速度的项目。

缺点：没有全面考虑整个计算期内的现金流量，只间接考虑投资回收之前的效果，不能反映投资回收之后的情况。

16. **【2018 年真题】** 某投资方案，建设投资 3000 万元，流动资金 800 万元。资本金 1500 万元，年平均净利润 320 万元，建设期贷款利息为 360 万元。该投资方案的资本金净利润率为（　　）。

A. 7.69%　　B. 10.67%　　C. 21.33%　　D. 40.00%

**【解析】** 根据题意及有关公式，该投资方案的资本金净利润率（ROE）= 年净利润（NP）/资本金（EC）×100% =320/1500×100% =21.33%。

**【相关考点】** 见本节习题 8。

17. **【2018 年真题】** 进行建设项目经济评价时，确定基准收益率的基础是（　　）。

A. 投资风险　　B. 机会成本　　C. 资金限制　　D. 通货膨胀

**【解析】** 资金成本和机会成本是确定基准收益率的基础，投资风险和通货膨胀是确定基准收益率必须考虑的影响因素。

18. **【2018 年真题】** 下列投资方案经济评价指标中，属于动态评价指标的有（　　）。

A. 内部收益率　　B. 资本金净利润率

C. 资产负债率　　D. 净现值率

E. 总投资收益率

**【解析】** 动态评价指标包括：内部收益率、动态投资回收期、净现值、净现值率、净年值。

**【相关考点】** 如下图所示。

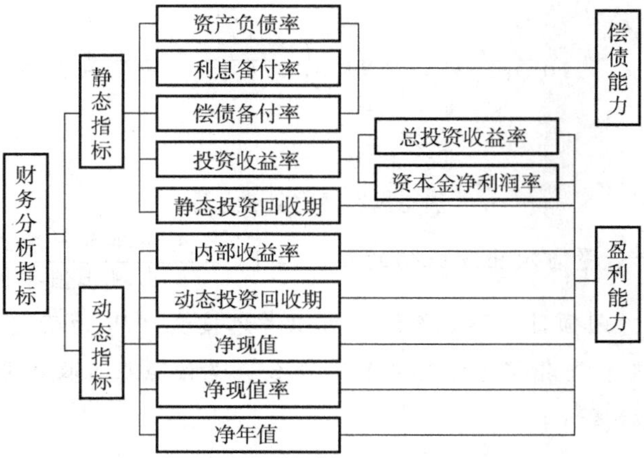

19. **【2022 年补考真题】** 财务分析中属于静态指标和盈利指标的是（　　）。

A. 利息备付率　　B. 内部收益率

C. 净现值　　D. 投资收益率

**【解析】** 利息备付率为偿债能力指标，内部收益率、净现值为动态盈利能力指标。

**【相关考点】** 见本节习题 18。

20. **【2017 年真题】** 某常规投资方案，当贷款利率为 12% 时，净现值为 150 万元；当贷款利率为 14% 时，净现值为 -100 万元，则该方案财务内部收益率的取值范围为（　　）。

A. <12%　　B. 12% ~13%

C. 13% ~14%　　D. >14%

**【解析】** 利用内插法计算内部收益率的近似值，该方案的内部收益率 = 12% + 150/(150 + 100) × (14% - 12%) = 13.2%。当然，通过对比分析，也可发现内部收益率应超过 13%。

**【相关考点】** 见本节习题 9。

21. **【2017 年真题】** 某项目总投资 4400 万元，年平均息税前利润 595.4 万元，项目资本金 1840 万元，利息及所得税 191.34 万元，则该项目的总投资收益率为（　　）。

A. 9.18%　　B. 13.53%

C. 21.96%　　D. 32.55%

**【解析】** 该项目的总投资收益率 = 年平均息税前利润/项目总投资 ×100% = 595.4/4400 × 100% = 13.53%。当然该数值越大，说明盈利能力越强。

**【相关考点】** 见本节习题 8。

22. **【2017 年真题】** 利用经济评价指标评判项目的可行性时，下列说法错误的是（　　）。

A. 财务内部收益率≥行业基准收益率，方案可行

B. 静态投资回收期 > 行业基准投资回收期，方案可行

C. 财务净现值 >0，方案可行

D. 总投资收益率≥行业基准投资收益率，方案可行

**【解析】** 静态投资回收期≤行业基准投资回收期，方案可行。故选项 B 错误。

**【相关考点】** 见本节习题 15。

23. **【2016 年真题】** 下列关于净现值指标的说法中，正确的是（　　）。

A. 该指标全面考虑了项目在整个计算期内的经济状况

B. 该指标未考虑资金的时间价值

C. 该指标反映了项目投资中单位投资的使用效率

D. 该指标直接说明了在项目运营期各年的经营成果

**【解析】** 净现值考虑了资金的时间价值，故选项 B 错误；但其不反映项目投资中单位投资的使用效率，不能直接说明项目运营期各年的经营成果，故选项 C、D 错误。

**【相关考点】** 见本节习题 14。

24. 【2015 年真题】某项目的建设投资为 25000 万元，项目资本金为 15000 万元，流动资金为 5000 万元。其试运行阶段的年平均净利润为 3000 万元，运营阶段的年平均净利润为 4500 万元。则其项目资本金净利润率（ROE）为（　　）。

A. 15%　　B. 20%　　C. 25%　　D. 30%

【解析】项目资本金净利润率 = 项目达到设计生产能力后正常年份的年净利润或运营期内平均净利润/项目资本金 ×100% =4500/15000 ×100% =30%。

【相关考点】见本节习题 8。

25. 【2015 年真题】计算某项目内部收益率，已知当折现率为 10% 时，净现值为 600 万元；当折现率为 14% 时，净现值为 -400 万元。则该项目内部收益率为（　　）。

A. 12.6%　　B. 11.5%　　C. 12.4%　　D. 13.4%

【解析】内部收益率（IRR）是使方案在计算期内各年净现金流量的现值累计等于零时的折现率。即在该折现率时，项目的现金流入的现值和等于其现金流出的现值和。可用内插法求得 IRR 的近似值，其计算公式为 $IRR = i_1 + \frac{NPV_1}{NPV_1 + |NPV_2|}(i_2 - i_1)$。依题意可得，IRR =10% +600/（600 + | -400 |）×（14% -10%） =12.4%。

【相关考点】见本节习题 9。

26. 【2014 年真题】下列投资方案经济评价指标中，属于偿债能力指标的是（　　）。

A. 资本金净利润率　　B. 投资回收期

C. 利息备付率　　D. 内部收益率

【解析】偿债能力指标有资产负债率、利息备付率和偿债备付率。

【相关考点】见本节习题 18。

27. 【2014 年真题】某建设项目，第 1 ~3 年每年年末投入建设资金 500 万元，第 4 ~8 年每年年末获得利润为 800 万元，则该项目的静态投资回收期为（　　）年。

A. 3.87　　B. 4.88　　C. 4.90　　D. 4.96

【解析】建设项目现金流量见下表。

| 年序 | 1 | 2 | 3 | 4 | 5 | 6 | 7 | 8 |
|---|---|---|---|---|---|---|---|---|
| 净现金流/万元 | -500 | -500 | -500 | 800 | 800 | 800 | 800 | 800 |
| 累计净现金流/万元 | -500 | -1000 | -1500 | -700 | 100 | 900 | 1700 | 2500 |

$$P_t = (\text{累计净现金流量首次出现正值的年份} - 1) + \frac{\text{上一年累计净现金流量的绝对值}}{\text{出现正值年份的净现金流量}}$$

=5 -1 +700/800 =4.88（年）。

【相关考点】见本节习题 15。

28. 【2014 年真题】确定基准收益率时，应综合考虑的因素包括（　　）。

A. 投资风险　　B. 资金限制　　C. 资金成本　　D. 通货膨胀

E. 投资者意愿

【解析】基准收益率的确定一般以行业的平均收益率为基础，同时综合考虑资金成本、投资风险、通货膨胀以及资金限制等影响因素。

29. **【2013 年真题】** 下列建设项目的财务评价指标中，属于偿债能力分析指标的有(　　)。

A. 总投资收益率　　B. 财务内部收益率

C. 利息备付率　　D. 财务净现值

E. 资产负债率

**【解析】** 偿债能力分析指标包括资产负债率、利息备付率和偿债备付率。

**【相关考点】** 见本节习题 18。

30. **【2012 年真题】** 总投资收益率是指项目达到设计能力后正常年份的（　　）与项目总投资的比率。

A. 息税前利润　　B. 净利润

C. 总利润扣除应缴纳的税金　　D. 总利润扣除应支付的利息

**【解析】** 总投资收益率是指项目达到设计能力后正常年份的净收益（息税前利润）或平均净收益与项目总投资的比值。

**【相关考点】** 见本节习题 8。

31. **【2012 年真题】** 某投资方案的净现金流量见下表，则该投资方案的静态投资回收期是（　　）年。

| 年序 | 1 | 2 | 3 | 4 | 5 | 6 | 7 | 8 |
|---|---|---|---|---|---|---|---|---|
| 净现金流量/万元 | -800 | -1000 | 400 | 600 | 600 | 600 | 600 | 600 |
| 累计净现金流量/万元 | -800 | -1800 | -1400 | -800 | -200 | 400 | 1000 | 1600 |

A. 5.25　　B. 5.33　　C. 5.50　　D. 5.66

**【解析】** 静态投资回收期：$P_t = (6-1) + |-200|/600 = 5.33$（年）。

**【相关考点】** 见本节习题 15。

32. **【2012 年真题】** 某建设项目，当 $i_1 = 25\%$ 时，净现值为 200 万元；当 $i_2 = 30\%$ 时，净现值为 -60 万元，该建设项目的内部收益率为（　　）。

A. 21.25%　　B. 28.50%　　C. 28.85%　　D. 32.14%

**【解析】** 本题考查项目内部收益率的计算：

$$IRR = 25\% + 200/(200+60) \times (30\% - 25\%) = 0.25 + 0.0385 = 28.85\%$$

**【相关考点】** 见本节习题 9。

33. **【2023 年真题】** 某项目计算期 8 年，基准收益率为 6%，基准动态投资回收期为 7 年，计算期现金流量如下表。（单位：万元）根据该项目现金流量可得到的结论是（　　）。

| 计算期 | 1 | 2 | 3 | 4 | 5 | 6 | 7 | 8 |
|---|---|---|---|---|---|---|---|---|
| 净现金流量 | -3300 | 500 | 500 | 500 | 500 | 500 | 500 | 600 |

A. 项目累计净现金流量为 300 万元

B. 项目年投资利润率为 15.15%

C. 项目静态投资回收期为 7.5 年

D. 从动态投资回收期判断，项目可行

E. 项目前三年累计现金流量现值为 -2248.4 万元

【解析】项目累计净现金流量 = -3300 + 500 + 500 + 500 + 500 + 500 + 500 + 600 = 300 万元，选项 A 正确；投资利润率要根据项目投入利润表来计算，根据现金流量表无法计算，选项 B 错误；静态投资回收期 $P_t$ = 7 + 300/600 = 7.5 年，选项 C 正确；针对同一项目，动态投资回收期要比静态投资回收期长些，因此动态投资回收期大于 7.5 年，超过基准动态投资回收期，项目不可行，选项 D 错误；项目前三年累计现金流量现值 = $-3300 \times (1+6\%)^{-1} + 500 \times (1+6\%)^{-2} + 500 \times (1+6\%)^{-3}$ = -2248.4 万元，选项 E 正确。

34. **【2022 年补考真题】**下列类型项目应该进行经济费用效益分析的是（　　）。

A. 具有垄断特征的项目　　B. 产品具有公共产品的特征

C. 外部效果显著的项目　　D. 资源开发项目

E. 房地产项目

【解析】下列类型项目应该进行经济费用效益分析：①具有垄断特征的项目；②产出具有公共产品特征的项目；③外部效果显著的项目；④资源开发项目；⑤涉及国家经济安全的项目；⑥受过度行政干预的项目。

35. **【2023 年真题】**下列属于项目经济分析的参数和指标是（　　）。

A. 社会折现率　　B. 财务净现值

C. 投资收益率　　D. 市场基准收益率

【解析】项目财务分析的主要标准和参数是净利润、财务净现值、市场利率等，而项目经济分析的主要标准和参数是净收益、经济净现值、社会折现率等。

## 二、参考答案

| 题号 | 1 | 2 | 3 | 4 | 5 | 6 | 7 | 8 | 9 |
|---|---|---|---|---|---|---|---|---|---|
| 答案 | B | C | BCDE | BCE | ADE | BD | B | A | C |
| 题号 | 10 | 11 | 12 | 13 | 14 | 15 | 16 | 17 | 18 |
| 答案 | C | C | A | ADE | D | BC | C | B | AD |
| 题号 | 19 | 20 | 21 | 22 | 23 | 24 | 25 | 26 | 27 |
| 答案 | D | C | B | B | A | D | C | C | B |
| 题号 | 28 | 29 | 30 | 31 | 32 | 33 | 34 | 35 | |
| 答案 | ABCD | CE | A | B | C | ACE | ABCD | A | |

# 第五章

# 建设工程设计阶段的投资控制

## 第一节　设计方案评选内容和方法

### 一、历年真题及解析

1. **【2022 年真题】** 对民用建筑设计方案进行绿色设计评审的主要内容是（　　）。

A. 绿地率是否符合控制性规划的要求

B. 建筑物使用空间的自然采光、通风、日照是否符合规定

C. 施工阶段扬尘和对绿地的破坏程度

D. 项目寿命期内建造和使用对资源和环境的影响

**【解析】** 民用建筑设计方案绿色设计是指在项目整个寿命周期内，充分考虑对环境和资源的影响，着重考虑产品环境属性。

2. **【2021 年真题】** 民用建筑设计方案经济性评价追求的目标是（　　）。

A. 规模一定的条件下，工程造价/投资最低

B. 单位面积使用阶段能耗最低，节能效果好

C. 满足结构安全的前提下，主要建筑材料消耗最少

D. 全寿命周期的高性价比

**【解析】** 民用建筑设计方案经济性评价中"经济"，不能简单地理解为追求造价，不能狭隘地理解为投入少就是经济，而是追求全寿命的经济、高性价比的经济。

3. **【2020 年真题】** 进行民用建筑工程设计方案适用性评价时，建筑基地内人流、车流和物流是否合理分流，属于（　　）评价的内容。

A. 场地设计　　B. 建筑物设计

C. 规划控制指标　　D. 绿色设计

**【解析】** 场地设计评价内容：建筑布局应使建筑基地内的人流、车流与物流合理分流，防止干扰，并应有利于消防、停车、人员集散以及无障碍设施的设置。

### 二、参考答案

| 题号 | 1 | 2 | 3 |
|---|---|---|---|
| 答案 | D | D | A |

# 第二节　价值工程方法及其应用

## 一、历年真题、预测题及解析

1. **【2021 年真题】** 某项目建筑安装工程目标造价 2000 元/m，项目四个功能区重要性采用 0 - 1 评分法，评分结果如下表，则该项目建筑安装工程在节能方面的投入宜为（　　）元/$m^2$。

| 功能区 | 安全 | 适用 | 节能 | 美观 |
|---|---|---|---|---|
| 安全 | × | 0 | 1 | 1 |
| 适用 | 1 | × | 1 | 1 |
| 节能 | 0 | 0 | × | 1 |
| 美观 | 0 | 0 | 0 | × |

A. 340　　B. 400　　C. 600　　D. 660

**【解析】** 见下表。

| 功能区 | 安全 | 适用 | 节能 | 美观 | 功能得分 | 修正得分 | 功能重要性系数 |
|---|---|---|---|---|---|---|---|
| 安全 | × | 0 | 1 | 1 | 2 | 3 | 0. 3 |
| 适用 | 1 | × | 1 | 1 | 3 | 4 | 0. 4 |
| 节能 | 0 | 0 | × | 1 | 1 | 2 | 0. 2 |
| 美观 | 0 | 0 | 0 | × | 0 | 1 | 0. 1 |
| 合计 | | | | | 6 | 10 | 1 |

节能的投入 = 2000 × 0. 2 = 400（元/$m^2$）。

**【相关考点】** 强制打分法计算功能重要性系数，见下表。

功能评价值 $F$ 及功能指数 $F_i$ 的计算

功能重要性系数又称为功能系数或功能指数，一般用强制打分法来确定（FD 法，有 0 - 1 评分法和 0 - 4 评分法两种）

**功能重要性系数计算表**

| 零部件 | A | B | C | D | E | 功能总分 | 修正得分 | 功能重要性系数 |
|---|---|---|---|---|---|---|---|---|
| A | × | 1 | 1 | 0 | 1 | 3 | 4 | 0.267 |
| B | 0 | × | 1 | 0 | 1 | 2 | 3 | 0.200 |
| C | 0 | 0 | × | 0 | 1 | 1 | 2 | 0.133 |
| D | 1 | 1 | 1 | × | 1 | 4 | 5 | 0.333 |
| E | 0 | 0 | 0 | 0 | × | 0 | 1 | 0.067 |
| 合计 | | | | | | 10 | 15 | 1.00 |

$$第\ i\ 个评价对象的功能指数\ F_i = \frac{第\ i\ 个评价对象的功能得分值\ F_i}{全部功能得分值}$$

2. **【2020 年真题】** 某产品 4 个功能区的功能指数和现实成本见下表。若产品总成本保持不变，以成本改进期望值为依据，则应优先作为价值工程改进对象的是（　　）。

| 产品功能区 | $F_1$ | $F_2$ | $F_3$ | $F_4$ |
|---|---|---|---|---|
| 功能指数 | 0.35 | 0.25 | 0.30 | 0.10 |
| 现实成本 | 185 | 155 | 130 | 30 |

A. $F_1$　　B. $F_2$　　C. $F_3$　　D. $F_4$

**【解析】** 根据表格各功能的成本指数和价值指数如下：

$C_1 = 185/(185+155+130+30) = 0.37$

$C_2 = 155/(185+155+130+30) = 0.31$

$C_3 = 130/(185+155+130+30) = 0.26$

$C_4 = 30/(185+155+130+30) = 0.06$

价值指数：

$V_1 = 0.35/0.37 = 0.946$

$V_2 = 0.25/0.31 = 0.806$

$V_3 = 0.30/0.26 = 1.154$

$V_4 = 0.10/0.06 = 1.667$

因此 $\Delta C = C - F$，最大的是 $F_2$：$\Delta C = 0.31 - 0.25 = 0.06$，故选项 B 正确。

**【相关考点】** 见下表。

**功能指数法（相对值法）**

$$第\ i\ 个评价对象的价值指数\ V_i = \frac{第\ i\ 个评价对象的功能指数\ F_i}{第\ i\ 个评价对象的成本指数\ C_i}$$

| | |
|---|---|
| $V=1$ | 功能比重与成本比重大致平衡，比较合理 |
| $V<1$ | 评价对象的成本比重较高，应当改进，主要是降低成本 |
| $V>1$ | 功能比重较高，应具体分析。可能现实成本偏低，应增加成本；可能存在过剩功能，应降低功能水平；可能比较理想，无须改进 |

既有产品改进及成本改善期望值 $\Delta C$ 的计算（相关内容新教材已删除）。

先求出功能重要性系数，将现实成本按照功能重要性系数重新分配，确定功能评价值（目标成本），然后求 $\Delta C = C - F$。应当优先选用 $\Delta C$ 值大的作为优先改进对象。

3. **【2019 年真题】** 某项目应用价值工程原理进行方案择优，各方案的功能系数和单方造价见下表，则最优方案为（　　）。

| 方案 | 甲 | 乙 | 丙 | 丁 |
|---|---|---|---|---|
| 功能指数 | 0.202 | 0.286 | 0.249 | 0.263 |
| 单方造价/（元/$m^2$） | 2840 | 2460 | 2300 | 2700 |

A. 甲方案　　B. 乙方案　　C. 丙方案　　D. 丁方案

【解析】各方案的成本指数＝对象方案的现实成本/全部方案的现实成本之和。

$C_{甲}$ ＝2840/（2840＋2460＋2300＋2700）＝0.276

$C_{乙}$ ＝2460/（2840＋2460＋2300＋2700）＝0.239

$C_{丙}$ ＝2300/（2840＋2460＋2300＋2700）＝0.223

$C_{丁}$ ＝2700/（2840＋2460＋2300＋2700）＝0.262

各方案的价值指数＝各方案的功能指数/各方案的成本指数。

$V_{甲}$ ＝0.202/0.276 ＝0.732

$V_{乙}$ ＝0.286/0.239 ＝1.197

$V_{丙}$ ＝0.249/0.233 ＝1.069

$V_{丁}$ ＝0.263/0.262 ＝1.004

故方案乙的价值指数最大，为最优方案。

【相关考点】见本节习题2。

4.【2023年真题】某分项工程具有四项功能，各功能区功能价值和现实成本如下表。

| 功能区 | $F_1$ | $F_2$ | $F_3$ | $F_4$ |
|---|---|---|---|---|
| 功能评价值/元 | 130 | 170 | 155 | 215 |
| 现实成本/元 | 150 | 180 | 140 | 200 |

对该分项工程开展价值工程活动时，应优先作为改进对象的是（　　）。

A. $F_1$　　B. $F_2$　　C. $F_3$　　D. $F_4$

【解析】应当选择改善期望值大的功能作为价值工程活动的重点对象：

$F_1$：150－130＝20（元）

$F_2$：180－170＝10（元）

$F_3$：140－155＝－15（元）

$F_4$：200－215＝－15（元）

应当选择 $F_1$ 作为改进对象。

5.【2018年真题】下列关于价值工程方法及其特点的说法，正确的是（　　）。

A. 价值工程是一种经济评价方法，可用其寻求产品的最低成本

B. 价值工程是一种经济评价方法，可用其寻求产品的合理成本

C. 价值工程是在产品满足功能的前提下寻求寿命周期成本最低的一种方法

D. 价值工程是在产品满足功能的前提下寻求寿命周期内合理成本的一种方法

【解析】价值工程是以提高产品或作业价值为目的，通过有组织的创造性工作，寻求用最低的寿命周期成本，可靠地实现使用者所需功能的一种管理技术。

【相关考点】

**价值工程的方法及特点**

价值工程涉及价值、功能和寿命周期成本三个基本要素，具有以下特点：

（1）价值工程目标是以最低的寿命周期成本，实现产品必须具备的功能。产品的寿命

周期成本包括生产成本和使用及维护成本。如下图所示。

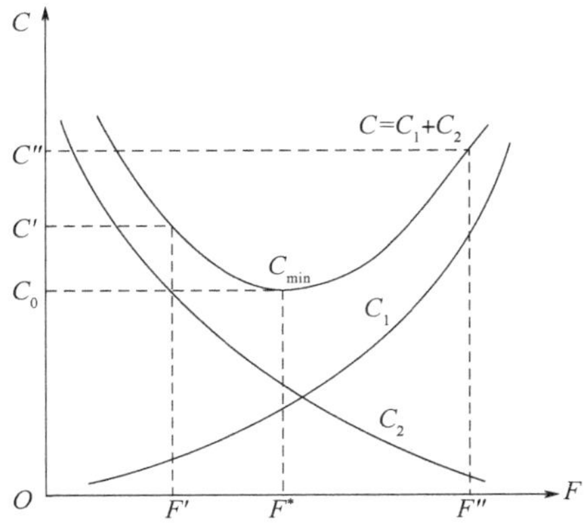


寿命周期成本为最小值 $C_{min}$ 时，所对应的功能是从成本角度考虑最适宜功能水平。在 $F^*$ 点，产品功能既能满足用户要求，又使得寿命周期成本最低，体现了比较理想的功能与成本的关系。

（2）价值工程的核心是对产品进行功能分析。

（3）价值工程将产品价值、功能和成本作为一个整体考虑（不能将价值、成本、功能片面、孤立地考虑）。

（4）价值工程强调不断改革和创新。

6. **【2018 年真题】** 在选择价值工程研究对象时，应遵循的原则是（　　）。

A. 在设计方面，应选择结构较简单的产品

B. 在生产方面，应选择废品率较低的产品

C. 在销售方面，应选择竞争力高于同类产品、寿命周期短的产品

D. 在成本方面，应选择成本高于同类产品、成本比重大的产品

**【解析】** 在价值工程的准备阶段，应该进行“对象选择”，其中在成本方面，应选择成本高于同类产品、成本比重大的产品。

**【相关考点】**

（1）选择原则，见下表。

**选择原则**

| | |
|---|---|
| 设计角度 | 产品结构复杂、体积大、重量大 |
| 生产角度 | 工艺复杂、原材料和能源消耗高、废品率高 |
| 市场销售角度 | 用户意见多、寿命周期长、竞争激烈 |
| 成本角度 | 成本高、成本比重大 |

（2）价值工程对象的选择，见下表。

价值工程对象的选择

| 产品选择 | 部件选择 |
|---|---|
| ①结构复杂或落后的产品<br>②制造工序多或制造方法落后的产品<br>③原材料种类繁多的产品<br>④在总体成本占比较大的产品 | ①造价高的部分<br>②成本占比大的部分<br>③数量多的组成部分<br>④体积大或重量大的组成部分<br>⑤加工工序多的组成部分<br>⑥废品率高和关键性的组成部分 |

7. **【2018 年真题】**下列价值工程对象的选择方法中，属于非强制确定方法的有（　　）。

A. 应用数理统计分析的方法

B. 考虑各种因素凭借经验集体研究确定的方法

C. 以功能重要程度来选择的方法

D. 寻求价值较低对象的方法

E. 按某种费用对某项技术经济指标影响程度来选择的方法

**【解析】**在功能评价中，01 或 04 评分法（以功能重要程度作为选择对象的方法），属于强制确定功能重要程度的方法。选项 A，属于 ABC 分析法；选项 B，属于因素分析法；选项 D，属于价值指数法；选项 E，属于百分比分析法。

8. **【2022 年真题】**某项目有甲、乙、丙、丁四个设计方案，均能满足建设目标要求，经综合评估，各方案功能综合得分及造价见下表。根据价值系数，应选择（　　）为实施方案。

| 分类 | 甲 | 乙 | 丙 | 丁 |
|---|---|---|---|---|
| 功能得分 | 33 | 33 | 35 | 32 |
| 造价/(元/$m^2$) | 3050 | 3000 | 3300 | 2950 |

A. 甲　　B. 乙　　C. 丙　　D. 丁

**【解析】**见下表。

| 分类 | 甲 | 乙 | 丙 | 丁 |
|---|---|---|---|---|
| 功能得分 | 33 | 33 | 35 | 32 |
| 造价/(元/$m^2$) | 3050 | 3000 | 3300 | 2950 |
| 功能指数 | 0.248 | 0.248 | 0.263 | 0.241 |
| 成本指数 | 0.248 | 0.244 | 0.268 | 0.240 |
| 价值指数 | 1 | 1.016 | 0.981 | 1.004 |

方案乙的价值指数最大，故选选项 B。

9. **【2017 年真题】**下列关于价值工程的说法中，正确的有（　　）。

A. 价值工程的核心是对产品进行功能分析

B. 价值工程涉及价值、功能和寿命周期成本三要素

C. 价值工程应以提高产品的功能为出发点

D. 价值工程是以提高产品的价值为目标

E. 价值工程强调选择最低寿命周期成本的产品

**【解析】** 选项C错误，价值工程的目标是以最低的寿命周期成本，实现产品必须具备的功能；选项E错误，价值工程将产品价值、功能和成本作为一个整体同时考虑。也就是说，价值工程中对价值、功能、成本的考虑，不是片面和孤立的，而是在确保产品功能的基础上综合考虑生产成本和使用成本，兼顾生产者和用户的利益，从而创造出总体价值最高的产品。

**【相关考点】** 见本节习题5。

10. **【2016年真题】** 价值工程的目标是以（　　）实现项目必须具备的功能。

A. 最少的项目投资　　B. 最高的项目盈利

C. 最低的寿命周期成本　　D. 最低的项目运行成本

**【解析】** 价值工程目标是以最低的寿命周期成本，实现项目必须具备的功能。

**【相关考点】** 见本节习题5。

11. **【2016年真题】** 由多个部件组成的产品，应优先选择（　　）的部件作为价值工程地分析对象。

A. 造价低　　B. 数量多

C. 体积小　　D. 加工工序多

E. 废品率高

**【解析】** 见本节习题6。

12. **【2014年真题】** 价值工程中的全寿命周期费用是指（　　）。

A. 生产过程发生的全部成本

B. 从开始使用至报废过程中发生的费用总和

C. 产品存续期的总成本

D. 生产费用、使用费用及维护费用之和

**【解析】** 产品全寿命周期成本由生产成本和使用及维护成本组成。

**【相关考点】** 见本节习题5。

13. **【2014年真题】** 根据功能重要程度选择价值工程对象的方法称为（　　）。

A. 因素分析法　　B. ABC分析法

C. 强制确定法　　D. 价值指数法

**【解析】** 强制确定法是以功能重要程度作为选择价值工程对象的一种分析方法。

## 二、参考答案

| 题号 | 1 | 2 | 3 | 4 | 5 | 6 | 7 | 8 | 9 |
|---|---|---|---|---|---|---|---|---|---|
| 答案 | B | B | B | A | C | D | ABDE | B | ABD |
| 题号 | 10 | 11 | 12 | 13 | | | | | |
| 答案 | C | BDE | D | C | | | | | |

# 第三节　设计概算的编制与审查

## 一、历年真题及解析

1.【2022 年真题】下列关于政府投资项目设计概算批准后是否允许调整的说法中，正确的是（　　）。

A. 一律不得调整，确需调整的，须另行单独立项

B. 一律不得调整，需要增加投资的，由项目单位自筹

C. 一般不得调整，需调整时，须说明理由并向原批准部门备案

D. 一般不得调整，需调整时，需经原批准部门同意并重新审批

【解析】设计概算投资一般应控制在立项批准的投资控制额以内；如果设计概算值超过控制额，必须修改设计或重新立项审批；设计概算批准后，一般不得调整；如需修改或调整时，须经原批准部门同意，并重新审批。

2.【2022 年真题】下列编制单位工程概算的做法正确的有（　　）。

A. 在单位工程概算中列入相应的基本预备费和涨价预备费

B. 单位工程概算按构成单位工程的主要分部（分项）工程编制

C. 建筑工程工程量根据施工图及工程量计算规则计算

D. 建筑工程概算费用内容及组成按照《建筑安装工程费用项目组成》（建标［2003］206 号）确定

E. 设备及安装工程概算分别采用“设备购置费概算表”和“安装工程概算表”编制

【解析】基本预备费和涨价预备费应当列入建设工程总概算，故选项 A 错误；建筑工程概算费用内容及组成按照《建筑安装工程费用项目组成》（建标［2003］206 号）确定，按构成单位工程的主要分部（分项）工程编制，根据初步设计工程量按工程所在省、市、自治区颁发的概算定额（指标）或行业概算定额（指标），以及工程费用定额、造价指数计算。故选项 C 错误，选项 D 正确。

设备及安装工程概算采用“设备及安装工程概算表”形式，按构成单位工程的主要分部（分项）工程编制，根据初步设计工程量按工程所在省、市、自治区颁发的概算定额

(指标) 或行业概算定额 (指标) 以及工程费用定额、造价指数计算。故选项 E 错误。

3. **【2021 年真题】** 下列关于设计概算编制的说法中，正确的是 (　　)。

A. 应按编制时项目所在地的价格水平编制，不考虑后续价格变动

B. 应按编制时项目所在地的价格水平编制，不考虑施工条件影响

C. 应按编制时项目所在地的价格水平编制，还应按项目合理工期预测建设期价格水平

D. 应按编制时项目所在地的价格水平编制，不考虑建设项目的实际投资

**【解析】** 设计概算应按编制时项目所在地的价格水平编制，总投资应完整地反映编制时建设项目的实际投资，故选项 D 错误。

设计概算应考虑建设项目施工条件等因素对投资的影响，故选项 B 错误。

还应按项目合理工期预测建设期价格水平，以及资产租赁和贷款的时间价值等动态因素对投资的影响，故选项 C 正确。

**【相关考点】**

<table>
<tr><td rowspan="3">概算文件的质量要求</td><td>依据</td><td>必须建立在正确、可靠、充分的编制依据基础之上</td></tr>
<tr><td>编制人员和审查</td><td>①设计概算文件编制人员应与设计人员密切配合，项目设计负责人和概算负责人应对全部设计概算的质量负责<br>②设计单位完成后发送建设方→建设方审查，并提出修改→设计单位进行修改→报送主管部门审批<br>③概算负责人、审核人、审定人应由国家注册造价工程师担任，具体规定由省、市建委或行业造价主管部门制订</td></tr>
<tr><td>编制</td><td>①设计概算应按编制时项目所在地的价格水平编制，总投资应完整地反映编制时建设项目的实际投资<br>②设计概算应考虑建设项目施工条件等因素对投资的影响；还应按项目合理工期预测建设期价格水平，以及资产租赁和贷款的时间价值等动态因素对投资的影响<br>③建设项目总投资还应包括铺底流动资金</td></tr>
</table>

4. **【2021 年真题】** 政府投资项目概算批准后，允许调整概算的情形有 (　　)。

A. 原设计范围内，提高建设标准引起的费用增加

B. 超出原设计范围的重大变更

C. 建设单位提出设计变更引起的费用增加

D. 设计文件重大差错引起的工程费用增加

E. 超出涨价预备费的国家重大政策性调整

**【解析】** 允许调整概算的原因有：①超出原设计范围的重大变更；②超出基本预备费规定范围不可抗拒的重大自然灾害引起的工程变动和费用增加；③超出工程造价调整预备费的国家重大政策性的调整。

**【相关考点】**

| | |
|---|---|
| 设计概算的控制 | 设计概算投资一般应控制在立项批准的投资控制额以内；如果设计概算值超过控制额，必须修改设计或重新立项审批 |
| 设计概算的调整 | 由建设单位调查分析变更原因，报主管部门审批同意后，由原设计单位核实编制调整概算，并按有关审批程序报批。允许调整概算的原因有：①超出原设计范围的重大变更；②超出基本预备费规定范围不可抗拒的重大自然灾害引起的工程变动和费用增加；③超出工程造价调整预备费的国家重大政策性的调整。 |

5.【**2020年真题**】建设项目设计概算文件采用三级概算或二级概算的区别，在于是否单独编制（　　）文件。

A. 分部工程概算　　B. 单位工程概算

C. 单项工程综合概算　　D. 建设项目总概算

**【解析】** 当设计概算文件采用三级概算时，由各单项工程综合概算、工程建设其他费概算、预备费、建设期利息、经营性项目铺底流动资金汇总而形成建设工程总概算；而当整个项目只有一个单项工程时，即采用二级概算时，只需要在单位工程概算基础上，直接编制总概算，故选项C正确。

**【相关考点】**

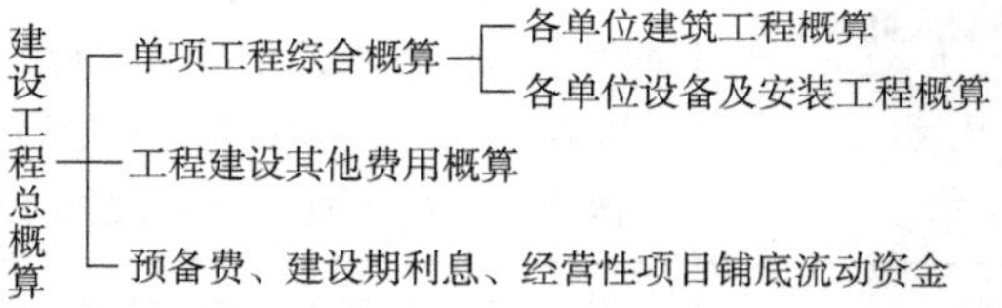


6.【**2019年真题**】建筑工程概算编制的基本方法有（　　）。

A. 实物量法　　B. 扩大单价法

C. 概算指标法　　D. 估算指标法

E. 预算单价法

**【解析】** 建筑工程概算编制的基本方法有扩大单价法、概算指标法。

| | | |
|---|---|---|
| 单位建筑工程概算 | 扩大单价法 | 根据概算定额及扩大单位估价表（概算定额基价）来编制，适合初步设计达到一定深度、建筑结构比较明确时采用 |
| | 概算指标法 | 根据概算指标来编制，适合设计深度不够，一般附属、辅助和服务工程项目，以及投资较小、比较简单的住宅项目 |
| 单位设备安装工程概算 | 预算单价法 | 根据预算定额单价编制，初步设计有详细设备清单时采用 |
| | 扩大单价法 | 当初步设计的设备清单不完备或仅有成套设备的重量时采用 |
| | 概算指标法 | 初步设计的设备清单不完备，或安装预算单价或扩大综合单价不全，无法采用预算单价法或扩大单价法时采用 |

7. 【2017 年真题】下列费用项中，不属于单项工程综合概算内容的是（　　）。

A. 单位建筑工程概算　　B. 安装工程概算

C. 铺底流动资金概算　　D. 设备购置费用概算

【解析】单项工程综合概算包括各单位建筑工程概算、设备及安装工程概算。

【相关考点】

- 单项工程综合概算
  - 各单位建筑工程概算
    - 一般土建工程概算
    - 给水排水工程概算
    - 采暖工程概算
    - 通风工程概算
    - 电气照明工程概算
    - 特殊构筑物工程概算
  - 设备及安装工程概算
    - 机械设备及安装工程概算
    - 电气设备及安装工程概算
    - 器具、工具及生产家具购置费概算

8. 【2023 年真题】价值工程活动中，在创新阶段建新方案可采用的方法有（　　）。

A. 功能成本法　　B. 功能指数法　　C. 德尔菲法　　D. 头脑风暴法

E. 哥顿法

【解析】价值工程新方案创造比较常用的方法有头脑风暴法、哥顿法、专家意见法（德尔菲法）和专家检查法。

9. 【2013 年真题】宜采用扩大单价法编制建筑工程概算的是（　　）的单位工程。

A. 初步设计达到一定深度，建筑结构比较明确

B. 初步设计深度不够，不能准确地计算扩大分部（分项）工程量

C. 有详细的施工图设计资料，能准确地计算分部（分项）工程量

D. 没有初步设计资料，无法计算出工程量

【解析】当初步设计达到一定深度、建筑结构比较明确时，可采用扩大单价法编制建筑工程概算。

【相关考点】见本节习题 6。

10. 【2022 年补考真题】价值工程中所述的“价值”是指（　　）。

A. 交换价值　　B. 使用价值　　C. 经济价值　　D. 比较价值

【解析】价值工程中所述的“价值”不是对象的使用价值，也不是对象的经济价值和交换价值，而是对象的比较价值。

## 二、参考答案

| 题号 | 1 | 2 | 3 | 4 | 5 | 6 | 7 | 8 | 9 | 10 |
|---|---|---|---|---|---|---|---|---|---|---|
| 答案 | D | BD | C | BE | C | BC | C | CDE | A | A |

# 第四节　施工图预算的编制与审查

## 一、历年真题及解析

1.【2021 年真题】采用定额单价法编制施工图预算时，若某分项工程的主要材料品种与预算单价或单位估价表中规定材料不一致时，则正确的做法是（　　）。

A. 按实际使用材料价格换算预算单价，再套用换算后的单价

B. 直接套用预算单价，再根据材料价差调整工程费用

C. 改用实物量法编制施工图预算

D. 改用工程量清单单价法编制施工图预算

【解析】分项工程的主要材料品种与预算单价或单位估价表中规定材料不一致时，不能直接套用预算单价，需要按实际使用材料价格换算预算单价。

【相关考点】见本节习题 12。

2.【2020 年真题】分项工程单位估价表是预算定额法编制施工图预算的重要依据，分项工程单位估价表中的单价包含完成相应分项工程所需的人工费、材料费和（　　）。

A. 企业管理费　　B. 施工机具使用费

C. 规费　　D. 税金

【解析】分项工程单位估价表也即预算定额基价表，定额基价表中的单价是工料单价，包含完成定额单位分项工程所需的人工费、材料费和施工机具使用费。

3.【2019 年真题】能较快发现问题，审查速度快，但问题出现的原因还需继续审查的施工图预算审查方法是（　　）。

A. 对比审查法　　B. 逐项审查法

C. 标准预算审查法　　D. 筛选审查法

【解析】“筛选法”的优点是简单易懂，便于掌握，审查速度快，便于发现问题，但问题出现的原因尚需继续审查。该方法适用于审查住宅工程或不具备全面审查条件的工程。

【相关考点】见下表。

施工图预算的审查方法

| | |
|---|---|
| 逐项审查法（全面审查法） | 全面细致质量高，工作量大时间长，适合工程量小、工艺简单的工程 |
| 标准预算审查法（图纸标准或通用） | 适用范围小，仅适用采用标准图纸的工程 |
| 分组计算审查法（楼底面积可分组） | 审查速度快，工作量小 |
| 对比审查法（已完工程要对比） | “排异求同是对比” |
| 筛选审查法（指标筛选找问题） | 基本指标为工程量、价格、用工，审查速度快，便于发现问题，但问题原因不明。适用于审查住宅工程或不具备全面审查条件的工程 |
| 重点审查法（量大价高抓重点） | 审查的重点一般是工程量大或造价高的各种工程、补充定额等 |

4. **【2018 年真题】** 某建设项目，设备安装费按设备购置费的 15% 计算，为 450 万元；建筑工程预算之和为 7000 万元；工程建设其他费用 1500 万元；基本预备费率为 8%；涨价预备费及铺底流动资金为 1200 万元，则该建设项目的总预算额为（　　）万元。

A. 11106　　B. 12906　　C. 13906　　D. 14106

**【解析】** 建设项目总预算是反映施工图设计阶段建设项目投资总额的造价文件。固定资产投资 = 设备及工器具购置费 + 建筑安装工程费 + 工程建设其他费 + 预备费 + 建设期利息。建设项目投资总额 = 固定资产投资 + 流动资金投资 = (450/15% +450 +7000 +1500) × (1 + 8%) +1200 =14106（万元）。

5. **【2022 年真题】** 在审查施工图预算时，除审查工程量计算的准确性外，对预算工程量审查的重点是（　　）。

A. 编制施工图预算所依据设计文件的完整性

B. 工程量计算人员是否具备造价工程师资格

C. 预算工程量是否超过概算工程量

D. 工程量计算规则与计算规范规则或定额规则的一致性

**【解析】** 施工图预算审查时，对工程量审查的重点是工程量计算的准确性、工程量计算规则与计价规范规则或定额规则的一致性。

| 施工图预算审查内容 | |
| --- | --- |
| 审查内容 | ①施工图预算的编制是否符合现行国家、行业、地方政府有关法律、法规和规定要求<br>②工程量计算的准确性、工程量计算规则与计价规范规则或定额规则的一致性<br>③各种计价依据使用是否恰当、各项费率计取是否正确<br>④各种要素市场价格选用是否合理<br>⑤施工图预算是否超过设计概算以及进行偏差分析 |

6. **【2018 年真题】** 编制施工图预算过程中，图纸的主要审核内容有（　　）。

A. 审核图纸间相关尺寸是否有误

B. 审核图纸是否有设计更改通知书

C. 审核材料表上的规格是否与图纸相符

D. 审核图纸是否已经施工单位确认

E. 审核图纸与现行计量规范是否相符

**【解析】** 图纸是编制施工图预算的基本依据。作为编制前的准备，熟悉图纸不仅要弄清图纸的内容，还应对图纸进行审核，审核内容有：

（1）图纸间相关尺寸是否有误。

（2）设备与材料表上的规格、数量是否与图示相符，详图、说明、尺寸和其他符号是否正确等，若发现错误应及时纠正。

（3）图纸是否有设计更改通知（或类似文件）。

**【相关考点】**

**施工图预算审查内容**

（1）审查施工图预算的编制是否符合国家、行业、地方政府现行的有关法律、法规和规定的要求。

（2）审查工程量计算的准确性，工程量计算规则与计价规范规则或定额规则的一致性。

（3）审查各种计价依据、各项费率的计取是否规范、准确。

（4）审查各种要素的市场价格选用、应计取的费用是否合理。

（5）审核施工图预算是否超过概算以及进行偏差分析。

7. **【2018 年真题】** 审查施工图预算的方法有（　　）。

A. 标准预算审查法　　B. 预算指标审查法

C. 预算单位审查法　　D. 对比审查法

E. 分组计算审查法

**【解析】** 施工图预算的审查方法包括：逐项审查法、标准预算审查法、分组计算审查法、对比审查法、筛选审查法、重点审查法等。

**【相关考点】** 见本节习题 3。

8. **【2017 年真题】** 拟建工程与已完工程采用同一施工图，但基础部分和现场施工条件不同，则与已完工程相同的部分可采用（　　）审查施工图预算。

A. 标准预算审查法　　B. 对比审查法

C. “筛选”审查法　　D. 重点审查法

**【解析】** 拟建工程与已完或在建工程预算采用同一施工图，但基础部分和现场施工条件不同，则相同部分可采用对比审查法。

**【相关考点】** 见本节习题 3。

9. **【2015 年真题】** 施工图预算的审查中，采用（　　）审查住宅工程和不具备全面审查条件的工程。

A. 全面审查法　　B. 标准预算审查法

C. “筛选”审查法　　D. 重点审查法

**【解析】** 施工图预算的审查方法中，“筛选法”的优点是简单易懂，便于掌握，审查速度快，便于发现问题，但问题出现的原因尚需继续审查。该方法适用于审查住宅工程或不具备全面审查条件的工程。

**【相关考点】** 见本节习题 3。

10. **【2015 年真题】** 关于施工图预算的审查方法，不正确的说法是（　　）。

A. 全面审查法优点是质量比较高，缺点是工作量大

B. 对比审查法是把一单位工程按分部工程分解，再按直接费和间接费分解，然后与标准预算进行对比分析的方法

C. 标准预算审查法的缺点是适用范围小，仅适用于采用标准图纸的工程

D. 分组计算审查法是一种加快审查工程量速度的方法

【解析】对比审查法是当工程条件相同时，用已完工程的预算或未完但已经过审查修正的工程预算对比审查拟建工程的同类工程预算的一种方法。

【相关考点】见本节习题3。

11.【2015年真题】下列不属于施工图预算的编制方法的是（　　）。

A. 定额单价法　　B. 工程量清单单价法

C. 实物量法　　D. 扩大单价法

【解析】施工图预算的编制方法包括定额单价法、工程量清单单价法、实物量法。其中，定额单价法（也称为预算单价法、定额计价法）是用事先编制好的分项工程的单位估价表来编制施工图预算的方法。

【相关考点】

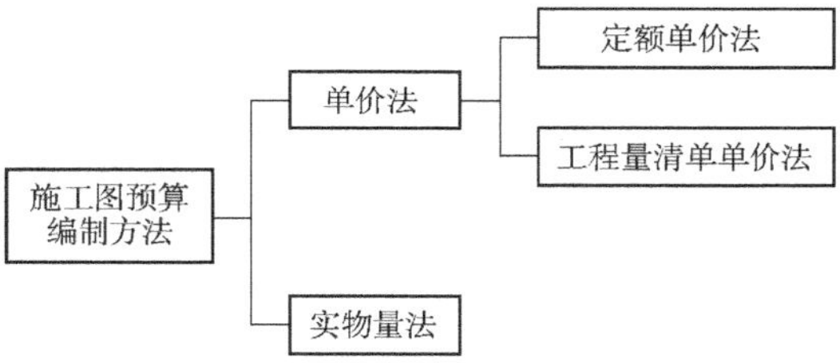


12.【2013年真题】编制某单位工程施工图预算时，先根据地区统一单位估价表中的各分项工程工料单价，乘以相应的工程量并相加，得到单位工程的人工费、材料费和机械使用费三者之和，再加上措施费、间接费、利润和税金，这种编制预算的方法是（　　）。

A. 定额单价法　　B. 综合单价法

C. 全费用单价法　　D. 实物单价法

【解析】预算单价法（定额单价法）就是用地区统一单位估价表中的各分项工程工料单价乘以相应的工程量，求和后得到包括人工费、材料费和机械使用费在内的单位工程直接工程费。措施费、间接费、利润、税金可根据统一规定的费率乘以相应的计取基数求得，将上述费用汇总后得到单位工程的施工图预算。

【相关考点】

**定额单价法的编制程序**

编制前的准备工作→熟悉审核图纸和预算定额及单位估价表（审核图纸：尺寸、设备与材料、设计变更）→了解施工组织设计和施工现场情况→划分工程项目和计算工程量→套用单价（定额基价）→工料分析→计算主材费→按费用定额取费（管、利、规、税）→计算汇总总造价→复核→编制说明、填写封面。

注意在套用单价时：实际分项工程与预算定额或单位估价表，套用单价注意事项见下表。

套用单价注意事项

| | |
|---|---|
| 名称、规格、计量单位完全一致 | 直接套用 |
| 主要材料品种不一致 | 按实际使用材料价格换算预算单价 |
| 人工、机械的数量不一致 | 调量不换价 |
| 不能套用、换算和调整时（完全不一致） | 编制补充单位估价表 |
| 预算定额的时效性 | 动态调整 |

13. **【2012 年真题】**采用重点审查法审查施工图预算时，审查的重点是（　　）的分部（分项）工程。

A. 单价经换算　　B. 不易被重视

C. 量大价高　　D. 采用补充单位估价

**【解析】**采用重点审查法审查施工图预算时，审查的重点是工程量大或者造价较高的分部（分项）工程、补充定额、计取的各种费用。

**【相关考点】**见本节习题3。

14. **【2012 年真题】**施工图预算是建设单位（　　）的依据。

A. 确定项目造价　　B. 进行施工准备

C. 控制施工成本　　D. 监督检查定额执行标准

E. 施工期间安排建设资金

**【解析】**施工图预算对发包人的作用：①施工图设计阶段确定建设项目造价的依据；②编制最高投标限价的基础；③在施工期间安排建设资金计划和使用建设资金的依据；④发包人采用经审定批准的施工图及其预算方式发包形成的总价合同时，按约定工程计量的形象目标或事件节点进行计量、拨付进度款及办理结算的依据。

**【相关考点】**见下表。

施工图预算的作用

| 对发包人 | 对承包人 | 对其他 |
|---|---|---|
| ①施工图设计阶段确定建设项目造价的依据<br>②编制最高投标限价的基础<br>③安排建设资金计划和使用建设资金的依据<br>④进行计量、拨付进度款及办理结算的依据 | ①确定投标报价的依据<br>②进行施工准备的依据<br>③控制施工成本的依据 | ①工程咨询机构业务水平的体现<br>②工程造价管理部门监督检查企业执行定额标准情况、确定合理工程造价、测算造价指数的依据<br>③仲裁、司法机关处理合同经济纠纷的依据 |

## 二、参考答案

| 题号 | 1 | 2 | 3 | 4 | 5 | 6 | 7 | 8 | 9 |
|---|---|---|---|---|---|---|---|---|---|
| 答案 | A | B | D | D | D | ABC | ADE | B | C |
| 题号 | 10 | 11 | 12 | 13 | 14 | | | | |
| 答案 | B | D | A | C | AE | | | | |

# 第六章

# 建设工程招标阶段的投资控制

## 第一节　最高投标限价的编制

### 一、历年真题及解析

1. **【2021 年真题】** 招标工程量清单的准确性和完整性应由（　　）负责。

A. 招标人和施工图审查机构共同　　B. 招标代理机构

C. 招标人　　D. 招标人和投标人共同

**【解析】** 采用工程量清单方式招标，招标工程量清单必须作为招标文件的组成部分，其准确性和完整性由招标人负责。

**【相关考点】** 见本节习题 4。

2. **【2020 年真题】** 根据现行《建设工程工程量清单计价规范》GB 50500，编制最高投标限价时，总承包服务费应按照（　　）计算。

A. 省级或行业建设主管部门规定或参考相关规范

B. 国家统一规定或参考相关规范

C. 工程所在地同类项目总承包服务费平均水平

D. 最高投标限价编制单位咨询潜在投标人的报价人

**【解析】** 根据现行《建设工程工程量清单计价规范》GB 50500，编制最高投标限价时，总承包服务费按照省级或行业建设行政主管部门的规定或参考相关规范计算。

**【相关考点】** 见下表。

**最高投标限价与投标报价**

| | 最高投标限价 | 投标报价 |
|---|---|---|
| 1　分部（分项）工程费 | 清单工程量×综合单价，综合单价按照招标文件及工程量清单项目的特征描述确定，包括招标文件中划分的应由投标人承担的风险范围及费用（按计价规定计算） | 清单工程量×综合单价，以清单中的项目特征自主确定综合单价，同时考虑自身承担的风险范围及费用（自主报价） |
| 1.1　材料及工程设备暂估价 | 计入综合单价 | 计入综合单价 |

（续）

| | 最高投标限价 | 投标报价 |
|---|---|---|
| 2.1　单价措施费 | 清单工程量×综合单价（按计价规定计算） | 自主报价 |
| 2.2　总价措施项目 | 价格包括除规费、税金以外的全部费用（按计价规定计算） | 自主报价 |
| 2.2.1　安全文明施工费 | 按国家或省级、行业建设主管部门的规定标准计算 | 按国家或省级、行业建设主管部门的规定标准计算，不得作为竞争性费用 |
| 3.1　暂列金额 | 按工程量清单列出的金额填写 | 按工程量清单列出的金额填写，不得变动 |
| 3.2　专业工程暂估价 | 按工程量清单列出的金额填写 | 按工程量清单列出的金额填写，不得变动 |
| 3.3　计日工 | 按主管部门公布的信息价确定单价，无信息价的按市场调查确定的价格确定（按计价规定计算） | 按工程量列出的项目和数量，自主确定综合单价计算 |
| 3.4　总承包服务费 | 按照或参考主管部门的规定计算（按计价规定计算） | 根据工程量清单列出的内容，自主报价 |
| 4　规费及税金 | 按照国家或省级、行业主管部门规定标准计算 | 按照国家或省级、行业主管部门规定标准计算 |

3. **【2019 年真题】**某招标工程，分部（分项）工程费为 41000 万元（其中定额人工费占 15%），措施项目费以分部（分项）工程费的 2.5% 计算，暂列金额 800 万元，规费以定额人工费为基础计算，规费费率为 8%，税率为 9%。则该工程的最高投标限价为（　　）万元。

A. 46343.530　　B. 47143.530　　C. 47215.530　　D. 47247.794

**【解析】**单位工程总造价（最高投标限价）= 分部（分项）工程费 + 措施项目费 + 其他项目费 + 规费 + 税金 =（41000 + 41000 × 2.5% + 800 + 41000 × 15% × 8%）× 1.09 = 47215.530（万元）。

4. **【2019 年真题】**下列关于工程量清单的说法中，正确的是（　　）。

A. 招标文件中工程量清单的准确性和完整性由工程量清单编制单位负责

B. 招标文件中分项工程项目清单的项目名称一般以工程实体名称命名

C. 招标文件中分部（分项）工程工程量清单的项目编码前 10 位按现行计量规范的规定设置

D. 投标人不得对招标文件中的措施项目清单进行调整

**【解析】**清单由招标人或受其委托、具有相应资质的工程造价咨询人编制，但其准确性和完整性由招标人负责，故选项 A 错误。

分部（分项）工程项目清单的项目名称应根据计量规范的名称结合拟建工程的实际确定，一般以工程实体命名，故选项 B 正确。

分部（分项）工程工程量清单的项目编码第一到九位按现行计量规范的规定设置，十到十二位应根据拟建工程的工程量清单项目名称和项目特征设置，同一招标工程的项目编码不得有重复，故选项 C 错误。

措施项目清单为可调整清单，投标人对招标文件中所列项目，可根据企业自身特点做适当的变更增减，故选项 D 错误。

**【相关考点】** 见下表。

| 工程量清单 | |
|---|---|
| 编制人 | 由具有编制能力的招标人或受其委托、具有相应资质的工程造价咨询人编制。采用工程量清单方式招标，招标工程量清单必须作为招标文件的组成部分，其准确性和完整性由招标人负责 |
| 分部（分项）工程项目清单（闭口清单） | |
| 项目编码 | 项目编码是分部（分项）工程工程量清单项目名称的数字标识。现行计量规范项目编码由 12 位数字构成。一至九位应按现行计量规范的规定设置，十至十二位应根据拟建工程的工程量清单项目名称和项目特征设置，同一招标工程的项目编码不得有重码 |
| 项目名称 | ①分部（分项）工程项目清单的项目名称应按现行计量规范的项目名称结合拟建工程的实际确定<br>②分项工程项目清单的项目名称一般以工程实体命名，项目名称如有缺项，编制人应作补充，并报省级或行业工程造价管理机构备案。补充项目的编码由现行计量规范的专业工程代码 X（即 01 ~ 09）与 B 和三位阿拉伯数字组成，并应从 XB001 起顺序编制，同一招标工程的项目不得重码 |
| 项目特征 | ①项目特征是确定分部（分项）工程项目清单综合单价的重要依据<br>②项目特征描述的内容应按现行计量规范，结合拟建工程的实际，满足确定综合单价的需要<br>③对采用标准图集或施工图纸能够全部或部分满足项目特征描述要求的，项目特征描述可直接采用"详见 × × 图集或 × × 图号"的方式。但对不能满足项目特征描述要求的部分，仍应用文字描述 |
| 计量单位 | 分部（分项）工程项目清单的计量单位应按现行计量规范规定的计量单位确定。如"t""$m^3$""$m^2$""m""kg"或"项""个"等 |
| 工程量 | 现行计量规范明确了清单项目的工程量计算规则，其工程量是以形成工程实体为准，并以完成后的净值来计算的 |
| 措施项目清单（开口清单） | |
| 措施项目清单为可调整清单，投标人对招标文件中所列项目，可根据企业自身特点做适当的变更增减 | |
| 能计量（单价） | 同分部（分项）工程量清单一样 |
| 不能计量（总价） | 措施项目清单中仅列出了项目编码、项目名称，但未列出项目特征、计量单位的项目，编制措施项目清单时，应按现行计量规范附录（措施项目）的规定执行 |

5. **【2019 年真题】** 下列招标文件所列的工程量清单中，不可调整的闭口清单是（　　）。

A. 分部（分项）工程工程量清单　　B. 能计量的措施项目清单

C. 不能计量的措施项目清单　　D. 其他项目清单

**【解析】** 分部（分项）工程工程量清单为不可调整的闭口清单。在投标阶段，投标人对招标文件提供的分部（分项）工程项目清单必须逐一计价，对清单所列内容不允许进行任何更改变动。投标人如果认为清单内容有不妥或遗漏，只能通过质疑的方式由清单编制人作统一的修改更正。

【相关考点】见本节习题4。

6. 【2022年真题】采用工程量清单计价招标的工程，招标工程工程量清单中可以提出暂估价的有（　　）。

A. 地基与基础工程　　B. 专业工程

C. 规费　　D. 工程材料

E. 工程设备

【解析】暂估价包括材料暂估价、工程设备暂估价和专业工程暂估价。

【相关考点】见下表。

**项目清单中的几个说明**

| | |
|---|---|
| 暂列金额 | 中标人只有按照合同约定的程序，实际发生了暂列金额所包含的工作，才能将其纳入合同结算价款中。扣除实际发生金额后的暂列金额，余额仍属于招标人所有 |
| 暂估价 | 包括材料、工程设备暂估价和专业工程暂估价，材料、工程设备暂估价计入分部（分项）工程工程量清单项目综合单价中 |
| 计日工 | 为解决现场发生的零星工作的计价而设立，零星工作一般指合同约定之外的或者因变更而产生的、工程量清单中没有相应项目的额外工作 |
| 总承包服务费 | 总承包人对甲方提供材料、发包人直接发包的专业工程提供管理、协助、配合服务，发包人须支付给总承包人的一笔费用 |

7. 【2022年补考真题】项目编码是分部分项工程量清单项目名称的数字标识，在十二位数字中，第五至六位是（　　）顺序码。

A. 专业工程　　B. 附录分类顺序码

C. 分部工程　　D. 分项工程

【解析】分部（分项）工程项目清单中，通常采用五级12位阿拉伯数字；其中，第一、二位为专业工程码，第三、四位为附录分类顺序码，第五、六位为分部工程顺序码，第七至九位为分项工程项目名称顺序码，第十至十二位为清单项目名称顺序码。

【相关考点】

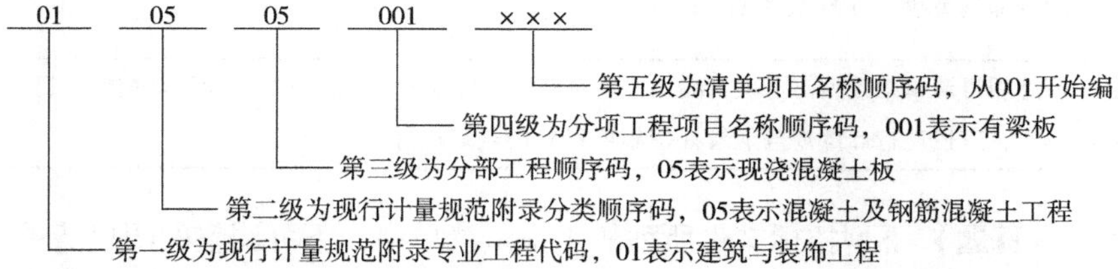


8. 【2018年真题】按工程量清单计价，单位工程造价的计算公式是（　　）。

A. 分部（分项）工程费＋措施项目费＋其他项目费＋规费＋税金

B. 分部（分项）工程费＋措施项目费＋其他项目费＋规费

C. 分部（分项）工程费＋措施项目费＋管理费＋税金

D. 分部（分项）工程费＋措施项目费＋管理费＋规费＋税金

【解析】工程清单计价是以分部（分项）工程费、措施项目费、其他项目费为基础，逐级汇总的过程。其中，单位工程造价＝分部（分项）工程费＋措施项目费＋其他项目费＋规费＋税金。

9.【2017 年真题】采用工程量清单方式招标时，工程量清单的准确性和完整性应由（　　）负责。

A. 编制清单的造价工程师　　B. 审核清单的造价工程师

C. 工程招标人　　D. 工程造价咨询人

【解析】采用工程量清单方式招标，招标工程量清单必须作为招标文件的组成部分，其准确性和完整性由招标人负责。

【相关考点】见本节习题 4。

10.【2017 年真题】根据现行计量规范明确的工程量计算规则，清单项目工程量是以（　　）为准，并以完成的净值来计算的。

A. 实际施工工程量　　B. 形成工程实体

C. 返工工程量及其损耗　　D. 工程施工方案

【解析】在招标人提供的分部（分项）工程量清单中，现行计量规范明确了清单项目的工程量计算规则，其工程量是以形成工程实体为准，并以完成后的净值来计算的。

【相关考点】见本节习题 4。

11.【2017 年真题】根据现行计价规范，工程量清单适用的计价活动有（　　）。

A. 设计概算的编制　　B. 最高投标限价的编制

C. 投资限额的确定　　D. 合同价款的约定

E. 竣工结算的办理

【解析】工程量清单适用于建设工程发、承包及实施阶段的计价活动，包括工程量清单的编制、最高投标限价的编制、投标报价的编制、工程合同价款的约定、工程施工过程中计量与合同价款的支付、索赔与现场签证、竣工结算的办理和合同价款争议的解决以及工程造价鉴定等活动。

【相关考点】见下表。

工程量清单

| 内容 | 招标工程量清单（招标人编制）、已标价工程量清单（投标人填写） |
| --- | --- |
| 作用 | ①为投标人的投标竞争提供了一个平等和共同的基础<br>②是工程计价的依据：招标人编制最高投标限价、投标人投标报价的依据<br>③是工程付款和结算的依据<br>④是调整工程量，进行工程索赔的依据 |
| 适用范围 | 适用于建设工程发、承包及实施阶段的计价活动，包括工程量清单的编制、最高投标限价的编制、投标报价的编制、工程合同价款的约定、工程施工过程中计量与合同价款的支付、索赔与现场签证、竣工结算的办理和合同价款争议的解决以及工程造价鉴定等活动 |

12. 【2016年真题】现行计量规范的项目编码由12位数字构成，其中第五、六位数字为（　　）。

A. 专业工程码　　B. 附录分类顺序码

C. 分部工程顺序码　　D. 清单项目名称顺序码

【解析】分部（分项）工程项目清单中，通常采用五级12位阿拉伯数字；其中，第一、二位为专业工程码，第三、四位为附录分类顺序码，第五、六位为分部工程顺序码，第七至九位为分项工程项目名称顺序码，第十至十二位为清单项目名称顺序码。

【相关考点】见本节习题7。

13. 【2016年真题】下列关于编制最高投标限价的说法中，正确的是（　　）。

A. 综合单价应包括由招标人承担的费用及风险

B. 安全文明施工费按投标人的施工组织设计确定

C. 措施项目费应为包括规费、税金在内的全部费用

D. 暂估价中材料单价，应按招标工程量清单的单价计入综合单价

【解析】综合单价应根据拟定的招标文件和招标工程量清单中的特征描述及有关要求确定，综合单价还应包括招标文件中划分的应由投标人承担的风险范围及其费用，故选项A错误。安全文明施工费应按照国家或省级、行业建设行政主管部门的规定标准计价，故选项B错误。措施项目采用分部（分项）工程综合单价形式进行计价的工程量，应按措施项目清单中的工程量确定综合单价，以“项”为单位的方式计价的，价格包括除规费、税金以外的全部费用，故选项C错误。

【相关考点】见本节习题2。

14. 【2016年真题】在工程招标投标阶段，工程量清单的主要作用有（　　）。

A. 为招标人编制投资估算文件提供依据　　B. 为投标人投标竞争提供一个平等基础

C. 招标人可据此编制最高投标限价　　D. 投标人可据此调整清单工程量

E. 投标人可按其表述的内容填报相应价格

【解析】工程量清单在招投标阶段的作用：①为投标人的投标竞争提供了一个平等和共同的基础；②是工程计价的依据，是招标人编制最高投标限价、投标人投标报价的依据。

【相关考点】见本节习题11。

15. 【2015年真题】根据现行《建设工程工程量清单计价规范》GB 50500，工程量清单应由（　　）编制。

A. 招投标管理部门认可的代理机构　　B. 具有相应资质的工程造价咨询人

C. 项目管理公司的合同管理机构　　D. 具有招标代理资质的中介机构

【解析】工程量清单应由具有编制能力的招标人或受其委托，具有相应资质的工程造价咨询人编制。采用工程量清单方式招标，招标工程量清单必须作为招标文件的组成部分，其准确性和完整性由招标人负责。

【相关考点】见本节习题4。

16.【**2014 年真题**】下列措施项目中，不作为竞争性费用的是（　　）。

A. 夜间施工增加费　　　　B. 冬雨期施工增加费

C. 安全文明施工费　　　　D. 二次搬运费

【**解析**】措施项目中不可竞争的费用有安全文明施工费。安全文明施工费又包括：环境保护费、文明施工费、安全施工费、临时设施费、建筑工人实名制管理费。

【**相关考点**】见本节习题 2。

17.【**2014 年真题**】下列费用中，应列入其他项目清单的是（　　）。

A. 专业工程暂估价　　　　B. 安全文明施工费

C. 二次搬运费　　　　D. 夜间施工增加费

【**解析**】其他项目清单包括暂列金额、暂估价、计日工和总承包服务费。

【**相关考点**】见本节习题 6。

18.【**2014 年真题**】按照现行《建设工程工程量清单计价规范》GB 50500 的分类，工程量清单包括（　　）。

A. 投标前工程量清单　　　　B. 中标工程量清单

C. 招标工程量清单　　　　D. 已标价工程量清单

E. 合同工程量清单

【**解析**】工程量清单分为以下两类：①招标工程量清单；②已标价工程量清单。

【**相关考点**】见本节习题 11。

19.【**2013 年真题**】措施项目是指为完成工程项目施工，发生于该工程施工准备和施工过程中的（　　）项目。

A. 工程暂列　　　　B. 工程实体

C. 非工程实体　　　　D. 分部（分项）工程

【**解析**】措施项目是指为完成工程项目施工，发生于该工程施工准备和施工过程中的技术、生活、安全、环境保护等方面的非工程实体项目。

20.【**2013 年真题**】下列关于编制工程量清单其他项目报价的说法，正确的有（　　）。

A. 暂列金额按招标人在其他项目清单中列出的金额填写

B. 材料暂估价由投标人根据实际情况自主确定

C. 总承包服务费由投标人根据招标文件中列出的内容和提出的要求自主确定

D. 专业工程暂估价由投标人根据施工组织设计或由施工方案自主确定

E. 计日工按招标人在其他项目清单中列出的项目和数量，由投标人自主确定综合单价并计算计日工费用

【**解析**】专业工程暂估价表由招标人填写，投标人应将上述专业工程暂估价计入投标总价；材料暂估价表由招标人填写，并在备注栏说明暂估价的材料，工程设备拟用在哪些清单项目上，投标人应将上述材料、工程设备暂估价计入工程量清单综合单价报价中，故选项 B、D 错误。

**【相关考点】** 见本节习题2。

21. **【2022年补考真题】** 下列属于不可竞争费用的是（　　）。

A. 规费　　B. 税金

C. 安全文明施工费　　D. 措施费

E. 企业管理费

**【解析】** 建安工程费中不可竞争费用为安全文明施工费、规费、税金。

22. **【2023年真题】** 关于最高投标限价的说法，正确的有（　　）。

A. 所有招标工程均应编制最高投标限价

B. 招标人应委托造价咨询机构编制最高投标限制

C. 最高投标限价应在招标文件中如实公布

D. 招标人应公布最高投标限价的总价及其详细组成

E. 招标人可在评标前根据情况调整最高投标限价

**【解析】** 选项A错误，国有资金投资的建设工程招标，招标人必须编制最高投标限价；选项B错误，最高投标限价应由具有编制能力的招标人或受其委托工程造价咨询人编制和复核；选项C、D正确，招标人应在招标文件中如实公布最高投标限价，不得对所编制的最高投标限价进行上浮或下调。选项E错误，招标人应在招标文件中公布最高投标限价各组成部分的详细内容，不得只公布最高投标限价总价。

**【相关考点】**

**最高投标限价的应用**

①招标人应在招标文件中如实公布最高投标限价，不得对所编制的最高投标限价进行上浮或者下调。

②招标人在招标文件中应公布最高投标限价各组成部分的详细内容，不得只公布最高投标限价。

23. **【2012年真题】** 分部（分项）工程量清单项目设置五级编码，其中第五级编码为（　　）顺序码。

A. 专业工程　　B. 分部工程

C. 分项工程　　D. 工程量清单项目

**【解析】** 分部（分项）工程项目清单中，通常采用五级12位阿拉伯数字，第五级为清单项目名称顺序码。

**【相关考点】** 见本节习题7。

24. **【2012年真题】** 分部（分项）工程费用综合单价中未包括分项工程的（　　）。

A. 措施费、管理费和规费　　B. 措施费、利润和规费

C. 管理费、规费和税金　　D. 措施费、规费和税金

**【解析】** 分部（分项）工程费用综合单价包括人工费、材料费、施工机具使用费、管理费、利润以及投标人应承担的风险费用，不包括措施费、规费、税金。

25. 【2012 年真题】工程量清单是（　　）的依据。

A. 进行工程索赔　　B. 编制项目投资估算

C. 编制最高投标限价　　D. 支付工程进度款

E. 办理工程结算

【解析】工程量清单的作用：

（1）为投标人的投标竞争提供了一个平等和共同的基础。

（2）是工程计价的依据：招标人编制最高投标限价、投标人投标报价的依据。

（3）是工程付款和结算的依据。

（4）是调整工程量、进行工程索赔的依据。

26. 【2011 年真题】下列关于分部（分项）工程工程量清单的说法中，正确的是（　　）。

A. 清单为可调整的闭口清单

B. 投标人不必对清单项目逐一计价

C. 投标人可以根据具体情况对清单的列项进行变更和增减

D. 投标人不得对清单中内容不妥或遗漏的部分进行修改

【解析】分部（分项）工程工程量清单为不可调整的闭口清单。在投标阶段，投标人对招标文件提供的分部（分项）工程项目清单必须逐一计价，对清单所列内容不允许进行任何更改变动。投标人如果认为清单内容有不妥或遗漏，只能通过质疑的方式由清单编制人作统一的修改更正。

【相关考点】见本节习题 4。

27. 【2019 年真题】某工程施工过程中发生了一项未在合同中约定的零星工作，增加费用 2 万元，此费用应列入工程的（　　）中。

A. 暂列金额　　B. 暂估价　　C. 计日工　　D. 总承包服务费

【解析】现场发生的零星工作的费用应当列入工程的计日工费用中。

【相关考点】见本节习题 6。

## 二、参考答案

| 题号 | 1 | 2 | 3 | 4 | 5 | 6 | 7 | 8 | 9 |
|---|---|---|---|---|---|---|---|---|---|
| 答案 | C | A | C | B | A | BDE | C | A | C |
| 题号 | 10 | 11 | 12 | 13 | 14 | 15 | 16 | 17 | 18 |
| 答案 | B | BDE | C | D | BCE | B | C | A | CD |
| 题号 | 19 | 20 | 21 | 22 | 23 | 24 | 25 | 26 | 27 |
| 答案 | C | ACE | ABC | CD | D | D | ACDE | D | C |

# 第二节　投标报价的审核

## 一、历年真题及解析

1.【**2022 年真题**】某项目投标人认为招标文件中所列措施项目不全时，其投标报价的正确做法是（　　）。

A. 根据企业自身特点对措施项目进行调整并报价

B. 向招标人提出质疑并根据招标人的答复报价

C. 按招标文件中所列项目报价，并准备在施工中发生缺项措施项目时提出索赔

D. 按招标文件中所列项目报价，并准备在施工中发生缺项措施项目时提出变更

【**解析**】招标人提出的措施项目清单是根据一般情况确定的，由于各投标人拥有的施工装备、技术水平和采用的施工方法有所差异，投标人投标时应根据自身编制的投标施工组织设计（或施工方案）确定措施项目及报价，因此投标人认为招标文件中所列措施项目不全时，应根据企业自身特点对措施项目进行调整并报价。

2.【**2021 年真题**】招标投标过程中，出现招标工程量清单项目特征描述与设计图纸不符时，投标人的正确做法是（　　）。

A. 以设计图纸的要求为准进行报价并加备注

B. 根据设计单位确认的项目特征报价

C. 以招标工程量清单的项目特征描述和设计图纸分别报价

D. 以招标工程量清单的项目特征描述为准进行报价

【**解析**】在招标投标过程中，当出现招标工程量清单特征描述与设计图纸不符时，投标人应以招标工程量清单的项目特征描述为准，确定投标报价的综合单价。

3.【**2021 年真题**】采用工程量清单计价的招标工程，投标人必须按招标文件中提供的数据或政府主管部门规定的标准计算报价的有（　　）。

A. 总承包服务费　　B. 以“项”为单位计价的措施项目

C. 安全文明施工费　　D. 提供了暂估价的工程设备

E. 暂列金额

【**解析**】措施项目中的安全文明施工费应按照国家或省级、行业建设主管部门的规定计算，不作为竞争性费用，故选项 C 正确。

暂估价不得变动和更改，故选项 D 正确。

暂列金额应按照招标工程量清单中列出的金额填写，不得变动，故选项 E 正确。

【**相关考点**】见本节习题 5。

4.【**2020 年真题**】工程招标投标过程中，投标人发现招标工程量清单项目特征描述与

设计图纸不符，则投标人应（　　）确定投标综合单价。

A. 向设计单位提出质疑并根据设计单位的答复

B. 按有利于投标人原则选择清单项目特征描述或按设计图纸

C. 按设计图纸修正后的清单项目特征描述

D. 以招标工程量清单项目特征描述为准

**【解析】** 在投标报价时，投标人发现工程量清单项目特征描述与设计图纸不符，应当按照工程量清单项目特征描述为准确定综合单价。

5. **【2019 年真题】** 下列关于投标报价的说法，正确的有（　　）。

A. 投标报价中的某些分项工程报价可高于对应项目的最高投标限价

B. 招标文件中工程量清单项目特征描述与设计图纸不符时，投标人应以图纸的项目特征描述为准，确定投标报价的综合单价

C. 措施项目中的安全文明施工费不得作为投标报价中的竞争性费用

D. 投标人不得更改投标文件中工程量清单所列的暂列金额

E. 计日工的报价应按工程造价管理机构公布的单价计算

**【解析】** 投标人的投标总价不得高于最高投标限价，但某些分项工程报价可以高于对应项目的最高投标限价，故选项 A 正确。

在招标过程中出现工程量清单项目特征描述与设计图纸不符时，投标人应当以招标工程量清单的项目特征描述为准，确定投标报价的综合单价，故选项 B 错误。

措施项目中的安全文明施工费应按照国家或省级、行业建设主管部门的规定计算，不得作为竞争性费用，故选项 C 正确。

暂列金额应按照招标工程量清单中列出的金额填写，不得变动，故选项 D 正确。

计日工应按照招标工程量清单列出的项目和估算的数量，自主确定综合单价并计算计日工金额，故选项 E 错误。

**【相关考点】** 见下表。

**最高投标限价与投标报价**

| | 最高投标限价 | 投标报价 |
|---|---|---|
| 1　分部（分项）工程费 | 清单工程量×综合单价，综合单价按照招标文件及工程量清单项目的特征描述确定，包括招标文件中划分的应由投标人承担的风险范围及费用（按计价规定计算） | 清单工程量×综合单价，以清单中的项目特征自主确定综合单价，同时考虑自身承担的风险范围及费用（自主报价） |
| 1.1　材料及工程设备暂估价 | 计入综合单价 | 计入综合单价 |
| 2.1　单价措施费 | 清单工程量×综合单价（按计价规定计算） | 自主报价 |

（续）

| | 最高投标限价 | 投标报价 |
|---|---|---|
| 2.2 总价措施项目 | 价格包括除规费、税金以外的全部费用（按计价规定计算） | 自主报价 |
| 2.2.1 安全文明施工费 | 按国家或省级、行业建设主管部门的规定标准计算 | 按国家或省级、行业建设主管部门的规定标准计算，不得作为竞争性费用 |
| 3.1 暂列金额 | 按工程量清单列出的金额填写 | 按工程量清单列出的金额填写，不得变动 |
| 3.2.2 专业工程暂估价 | 按工程量清单列出的金额填写 | 按工程量清单列出的金额填写，不得变动 |
| 3.3 计日工 | 按主管部门公布的信息价确定单价，无信息价的按市场调查确定的价格确定（按计价规定计算） | 按工程量列出的项目和数量，自主确定综合单价计算 |
| 3.4 总承包服务费 | 按照或参考主管部门的规定计算（按计价规定计算） | 根据工程量清单列出的内容，自主报价 |
| 4 规费及税金 | 按照国家或省级、行业主管部门规定标准计算 | 按照国家或省级、行业主管部门规定标准计算 |

6. **【2018 年真题】** 投标人在确定投标报价的综合单价时，主要应以（　　）为准。

A. 业主提供的设计图纸　　B. 招标工程量清单的项目特征描述

C. 图纸会审的记录　　D. 业主组织现场踏勘的记录

**【解析】** 投标人投标报价时应依据招标工程量清单项目的特征描述确定清单项目的综合单价。

**【相关考点】** 见本节习题5。

7. **【2017 年真题】** 在招投标阶段，投标人不能自主确定其综合单价或费用的有（　　）。

A. 安全文明施工费　　B. 暂列金额

C. 给定暂估价的材料　　D. 计日工

E. 总承包服务费

**【解析】** 选项A，措施项目中的安全文明施工费应按照国家或省级、行业建设主管部门的规定计算，不作为竞争性费用。

选项B、选项C，应按招标工程量清单中列出的金额或单价填写，不得变动。

选项D，计日工应按照招标工程量清单列出的项目和估算的数量，自主确定综合单价并计算计日工金额。

选项E，总承包服务费应根据招标工程量列出的专业工程暂估价内容和供应材料、设备情况，按照招标人提出协调、配合与服务要求和施工现场管理需要自主确定。

**【相关考点】** 见本节习题5。

8. **【2016 年真题】** 某挖沟槽土方项目招标，工程量清单中的土方开挖工程量为 $200m^3$，投标人按施工方案计算得到的预算工程量为 $300m^3$，按企业定额该子项基价为 100 元/$m^3$，则该土方开挖的单位报价应为（　　）元/$m^3$。

A. 300　　B. 200　　C. 150　　D. 100

【解析】投标报价综合单价 = 预算费用/清单工程量 =（预算工程量 × 定额基价）/清单工程量 =（300 × 100）/200 = 150（元/$m^3$）。

9.【2016 年真题】下列关于投标报价编制的说法，正确的有（　　）。

A. 投标人可委托有相应资质的工程造价咨询人编制投标价

B. 投标人可依据市场需求对所有费用自主报价

C. 投标人的投标报价不得低于其工程成本

D. 投标人的某一子项目报价高于招标人相应基准价的应予废标

E. 执行工程量清单招标的，投标人必须按照招标工程量清单填报价格

【解析】投标价应由投标人或受其委托具有相应资质的工程造价咨询人编制，故选项 A 正确。

投标人应按照国家或省级、行业建设主管部门的规定对安全文明施工费、规费、税金项目计算并报价，不能完全自主报价，故选项 B 错误。

投标人的报价不得低于工程成本，故选项 C 正确。

投标人的投标报价高于最高投标限价的应予废标，注意是总价高于最高投标限价的应予废标，而不是某一子项高的就应予废标，故选项 D 错误。

投标人投标报价时应依据招标工程量清单项目的特征描述确定清单项目的综合单价，故选项 E 正确。

【相关考点】

## 投标价格的编制原则

（1）投标价应由投标人或受其委托具有相应资质的工程造价咨询人编制。

（2）投标人应按照国家或省级、行业建设主管部门的相关规定自主确定投标价格。

（3）实行工程量清单招标的，投标人必须按照招标工程量填报价格。

（4）投标人的报价不得低于工程成本。

（5）投标人的投标报价高于最高投标限价的应予废标。

10.【2016 年真题】审核投标报价时，对分部（分项）工程综合单价的审核内容有(　　)。

A. 综合单价的确定依据是否正确

B. 清单中提供了暂估单价的材料，是否按暂估单价进入综合单价

C. 暂列金额是否按规定纳入综合单价

D. 单价中是否考虑了承包人应承担的风险费用

E. 总承包服务费的计算是否正确

【解析】分部（分项）工程综合单价的审核包括：①综合单价的确定依据；②材料、工程设备暂估价；③风险费用，故选项 A、B、D 正确。

暂列金额不纳入综合单价，故选项C错误；总承包服务费属于其他项目费的审查内容，故选项E错误。

11.【**2013年真题**】在工程量清单计价模式下，下列关于确定分部（分项）工程项目综合单价的说法，正确的是（　　）。

A. 若分部（分项）工程工程量清单项目特征的描述与设计图纸不符，投标人应按设计图纸确定综合单价

B. 综合单价中不需考虑招标文件中要求投标人承担的风险费用

C. 综合单价中应考虑招标人和投标人承担的所有风险费用

D. 招标文件中提供了暂估单价的材料，应按暂估单价计入综合单价

【**解析**】一般而言，为方便合同管理和计价，需要纳入分部（分项）工程工程量清单项目综合单价中的暂估价最好只是材料费，以方便投标人“组价”。

12.【**2012年真题**】下列关于投标报价与最高投标限价的说法，正确的是（　　）。

A. 两者均为期望价格

B. 投标报价高于最高投标限价的为废标

C. 最高投标限价是投标报价的成本价

D. 开标时最高投标限价可根据投标报价上下浮动

【**解析**】标底为发包人期望价格，投标报价为投标人对拟建工程的期望价格，而最高投标限价为招标人设置的最高投标限价，不是期望价格，故选项A、C错误。

招标人应在招标文件中如实公布最高投标限价，不得对所编制的最高投标限价进行上浮或下调，故选项D错误。

## 二、参考答案

| 题号 | 1 | 2 | 3 | 4 | 5 | 6 | 7 | 8 | 9 |
|---|---|---|---|---|---|---|---|---|---|
| 答案 | A | D | CDE | D | ACD | B | ABC | C | ACE |
| 题号 | 10 | 11 | 12 | | | | | | |
| 答案 | ABD | D | B | | | | | | |

# 第三节　合同价款的约定

## 一、历年真题及解析

1.【**2021年真题**】总价施工合同履行过程中，承包人发现某分项工程在招标文件给出

的工程量表中被遗漏，则处理该分项工程价款的方式是（　　）。

A. 由发、承包双方按单价合同计价方式协商确定结算价

B. 由发、承包双方另行订立补充协议确定计价方式和价款

C. 由发、承包双方协商确定一个总价并调整原合同价

D. 视为已包含在合同总价中，因而不单独进行结算

**【解析】** 如果业主提供的或承包商自己编制的工程量表有漏项或计算错误，所涉及的工程价款被认为已包括在整个合同总价中，因此承包商必须认真复核工程量。

**【相关考点】**

<table>
<tr><th colspan="4">合同的类型及特征</th></tr>
<tr><th>合同类型</th><th>种类</th><th>特征</th><th>适用范围</th></tr>
<tr><td rowspan="2">总价合同</td><td>固定</td><td>一笔包死，无特定情况（设计或工程变更）不变更，承包方承担风险</td><td>工程范围明确，图纸完整、详细，工程量小工期短，结构简单风险小，合同条件完备的工程</td></tr>
<tr><td>可变</td><td>相对固定的价格，有特定的调价条款。发包方承担通货膨胀的风险，承担方承担合同实施中工程量、成本和工期因素等其他风险</td><td>工程内容和技术经济指标明确，工期在 1 年以上的工程项目</td></tr>
<tr><td>总价合同特征</td><td colspan="3">①工程性质和工程量事先确定（招标人提供或投标人自行编制工程量清单），以投标人报价为总价<br>②合同价款总额由每一分项工程的包干价款（固定总价）构成。承包商必须根据工程信息计算工程量。如果业主提供的或承包商自己编制的工程量表有漏项或计算错误，所涉及的工程价款被认为已包括在整个合同总价中，因此承包商必须认真复核工程量</td></tr>
<tr><td rowspan="3">单价合同</td><td rowspan="2">固定</td><td>估算工程量单价合同：根据工程量清单得出合同价格，最后结算价以实际完成工程量来计算。两者不能有实质性变更</td><td>工期长、技术复杂，实施过程中不可预测因素较多的工程</td></tr>
<tr><td>纯单价合同：发包方只给出工程范围，不对工程量作任何规定，最后以实际完成工程量结算</td><td>没有施工图，工程量不明，急需开工的工程</td></tr>
<tr><td>可变</td><td>合同有约定的单价调整条款</td><td>工程图纸不详细，工程量不明，工期较长（1 年以上）的工程</td></tr>
<tr><td>单价合同特征</td><td colspan="3">①单价合同的工程量清单内所列出的分部（分项）工程的工程量为估计工程量，而非准确工程量，工程量在合同实施过程中允许有上下的浮动变化，但分部（分项）工程的合同单价却不变，结算支付时以实际完成工程量为依据<br>②实际工程价格可能大于原合同价格，也可能小于原合同价格</td></tr>
</table>

2. **【2021 年真题】** 固定单价合同发包人承担的风险有（　　）。

A. 通货膨胀导致施工材料成本变动

B. 工程范围变更引起的工程量变化

C. 实际完成的工程量与估计工程量的差异

D. 设计变更导致的已完成工程拆除工程量

E. 承包人赶工引发质量问题的处理费用

**【解析】** 单价合同的执行原则是，单价合同的工程量清单内所列出的分部（分项）工程的工程量为估计程量，而非准确工程量，工程量在合同实施过程中允许有上下的浮动变化，但分部（分项）工程的合同单价却不变，结算支付时以实际完成工程量为依据。故工程量的风险由发包人承担，选项 B、C、D 正确。

**【相关考点】** 见本节习题 1。

3. **【2020 年真题】** 某实行招标的工程，招标文件与中标人投标文件中的合同价款不一致时，签订书面合同时确定合同价款应以（　　）为准。

A. 有利于招标人的约定　　B. 招标人和投标人重新谈判的结果

C. 中标人投标文件　　D. 招标文件

**【解析】** 招标文件与中标人投标文件中的合同价款不一致时，签订书面合同时确定合同价款应以中标人的投标文件为准。

**【相关考点】** 见下表。

**合同价款约定的内容**

| | |
|---|---|
| 一般规定 | ①实行招标的工程合同价款应在中标通知书发出之日 30 天内，由发、承包双方依据招标文件和中标人的投标文件在书面合同中约定。合同约定不得违背招标、投标文件中有关工期、造价、质量等方面的实质性内容。招标文件与中标人投标文件不一致的地方应以投标文件为准<br>②不实行招标的工程合同价款，由发、承包双方自行在合同中约定<br>③实行工程量清单计价的工程，应采用单价合同；建设规模小、技术难度低，工期较短，且施工图设计已审查批准的建设工程可采用总价合同；紧急抢险、救灾以及施工技术特别复杂的工程可采用成本加酬金合同 |
| 约定的内容 | ①预付款的数额、支付时间和抵扣方式<br>②安全文明施工费的支付计划、使用要求<br>③工程计量与支付工程价款的方式、额度及时间<br>④工程价款的调整因素、方法、程序、支付及时间<br>⑤施工索赔与现场签证的程序、金额确认与支付时间<br>⑥承担计价风险的内容、范围以及超出约定范围的调整办法<br>⑦工程竣工价款结算编制与核对、支付及时间<br>⑧工程质量保证金的数额、预留方式及时间<br>⑨违约责任以及发生工程价款争议的解决方法和时间<br>⑩与履行合同、支付价款有关的其他事项 |

4. **【2019 年真题】** 某工程的工作内容和技术经济指标非常明确，工期 10 个月，预计施工期间通货膨胀率低，则该工程较适合采用的合同计价方式是（　　）。

A. 固定总价合同　　B. 可调总价合同

C. 固定单价合同　　D. 可调单价合同

**【解析】** 固定总价合同适用工程范围清楚明确，工程图纸完整、详细，工程量小，工期短，在工程过程中环境因素（特别是物价）变化小，工程结构简单，技术经济指标明确的项目。

**【相关考点】** 见下表。

**合同的类型及特征**

| 合同类型 | 种类 | 特征 | 适用范围 |
| --- | --- | --- | --- |
| 总价合同 | 固定 | 一笔包死，无特定情况（设计或工程变更）不变更，承包方承担风险 | 工程范围明确，图纸完整、详细，工程量小，工期短，结构简单风险小，合同条件完备的工程 |
| | 可调 | 相对固定的价格，有特定的调价条款。发包方承担通货膨胀的风险，承包方承担合同实施中工程量、成本和工期因素等其他风险 | 工程内容和技术经济指标明确，工期在 1 年以上的工程项目 |
| 单价合同 | 固定 | 估算工程量单价合同：根据工程量清单得出合同价格，最后结算价以实际完成的工程量来计算。两者不能有实质性变更 | 工期长、技术复杂，实施过程中不可预测因素较多的工程 |
| | | 纯单价合同：发包方只给出工程范围，不对工程量作任何规定，最后以实际完成的工程量结算 | 没有施工图，工程量不明，急需开工的工程 |
| | 可调 | 合同有约定的单价调整条款 | 工程图纸不详细，工程量不明，工期较长（1 年以上）的工程 |
| 成本加酬金合同（工程总价不能有效控制，承包方对降低成本不感兴趣） | 成本加固定百分比酬金 | 成本实报实销，按实际成本固定百分比支付酬金 | ①工程范围无法界定，缺少详细说明，无法准确估价<br>②工程特别复杂，工程技术、结构无法预先确定<br>③时间特别紧急（抢险救灾）<br>④发、承包双方比较信任，承包方有特定技术和经验 |
| | 成本加固定金额酬金 | 成本实报实销，固定金额的酬金（估算工程成本的固定百分比） | |
| | 成本加奖罚（给一个标准） | 事先约定预期成本和固定酬金，以及奖惩计算办法：<br>①实际成本 = 预期成本：实际成本 + 酬金<br>②实际成本 < 预期成本：实际成本 + 酬金 + 奖金<br>③实际成本 > 预期成本：实际成本 + 酬金 − 罚金 | |
| | 最高限额成本加固定最大酬金（给一个区间） | 事先约定最高限额成本（高于报价成本），报价成本和预期成本（最低成本，发包人的预期）：<br>①实际成本 < 预期成本：实际成本 + 酬金 + 奖金<br>②预期成本 < 实际成本 < 报价成本：实际成本 + 酬金<br>③报价成本 < 实际成本 < 限额成本：实际成本<br>④限额成本 < 实际成本：实际成本 − 超出部分 | |

5. **【2019 年真题】** 采用成本加奖罚合同，当实际成本大于预期成本时，承包人可以得到（　　）。

A. 工程成本、酬金和预先约定的奖金

B. 工程成本和预先约定的奖金，不能得到酬金

C. 工程成本，但不能得到酬金和预先约定的奖金

D. 工程成本和酬金，但也可能会处以一笔罚金

**【解析】** 成本加奖罚合同是事先约定预期成本和固定酬金，以及奖惩计算办法，承包人最后所得：

①实际成本 = 预期成本：实际成本 + 酬金；

②实际成本 < 预期成本：实际成本 + 酬金 + 奖金；

③实际成本 > 预期成本：实际成本 + 酬金 − 罚金。

**【相关考点】** 见本节习题 4。

6. **【2018 年真题】** 下列关于固定总价合同特点的说法，正确的是（　　）。

A. 合同执行过程中，由于市场因素造成工料成本增加，合同总价可进行相应调整

B. 合同执行过程中，工程量与招标文件不符时，合同总价可进行相应调整

C. 合同执行过程中，发包方承担主要风险，合同总价通常偏低

D. 合同执行过程中，承包方承担主要风险，合同总价通常偏高

**【解析】** 采用固定总价合同，合同总价只有在设计和工程范围发生变更的情况下才能随之作相应的变更，除此之外，合同总价一般不得变动。因此，采用固定总价合同，承包方要承担合同履行过程中的主要风险，要承担实物工程量、工程单价等变化而可能造成损失的风险。

**【相关考点】** 见本节习题 4。

7. **【2018 年真题】** 采用可调总价合同时，发包方承担了（　　）风险。

A. 实物工程量　　B. 成本　　C. 工期　　D. 通货膨胀

**【解析】** 可调总价合同与固定总价合同的不同之处在于，它对合同实施中出现的风险作了分摊，发包方承担了通货膨胀的风险，而承包方承担合同实物工程量、成本和工期等因素的其他风险。

**【相关考点】** 见本节习题 4。

8. **【2018 年真题】** 下列关于固定总价合同特征的说法，正确的有（　　）。

A. 合同总价一笔包死，无特殊情况不作调整

B. 合同执行过程中，工程量与招标时不一致的，总价可作调整

C. 合同执行过程中，材料价格上涨，总价可作调整

D. 合同执行过程中，人工工资变动，总价不作调整

E. 固定总价合同的投标价格一般偏高

**【解析】** 采用固定总价合同时，承包方按投标时发包方接受的合同价格实施工程，并一

笔包死，无特定情况不作调整；合同总价只有在设计和工程范围发生变更的情况下才能随之作相应的变更，故选项B和C错误。采用这种合同，由于承包方可能要为许多不可预见的因素付出代价，所以往往会加大不可预见费用，致使这种合同的投标价格偏高。

**【相关考点】**见本节习题4。

9. **【2017年真题】**采用固定总价合同时，发包方承担的风险是（　　）。

A. 实物工程量变化　　B. 工程单价变化

C. 工期延误　　D. 工程范围变更

**【解析】**采用固定总价合同，承包方要承担合同履行过程中的主要风险，要承担实物工程量、工程单价等变化而可能造成损失的风险。采用这种合同，合同总价只有在设计和工程范围发生变更的情况下才能随之作相应的变更。

**【相关考点】**见本节习题4。

10. **【2017年真题】**根据现行计价规范，实行工程量清单计价的工程通常采用（　　）合同。

A. 固定总价　　B. 可调总价　　C. 单价　　D. 成本加酬金

**【解析】**实行工程量清单计价的工程，应采用单价合同；建设规模较小，技术难度较低，工期较短，且施工图设计已审查批准的建设工程可采用总价合同；紧急抢险、救灾以及施工技术特别复杂的建设工程可采用成本加酬金合同。

**【相关考点】**见本节习题4。

11. **【2015年真题】**下列不属于成本加酬金合同形式的是（　　）。

A. 成本加固定百分比酬金　　B. 成本加固定金额酬金

C. 最高限额成本加可变酬金　　D. 成本加奖罚

**【解析】**成本加酬金合同分为成本加固定百分比酬金、成本加固定金额酬金、成本加奖罚、最高限额成本加固定最大酬金四种形式。

**【相关考点】**见本节习题4。

12. **【2015年真题】**某工程采用固定总价合同，除设计变更和工程范围变动外，不调整合同价。承包工程合同总价为300万元，按进度节点分三阶段付款，付款比例分别为30%、40%、25%。第一阶段施工期间，主要材料计划用量300t，预算单价2000元/t，实际消耗310t，实际单价2100元/t，第一阶段结算时，正确的有（　　）。

A. 材料消耗增加不调整合同价款

B. 材料价格上涨不调整合同价款

C. 应结算和支付工程款90万元

D. 应结算和支付主要材料消耗增加价款2万元

E. 应结算和支付主要材料价差3.1万元

**【解析】**采用固定总价合同，合同总价只有在设计和工程范围发生变更的情况下才能随之作相应的变更，除此之外，合同总价一般不得变动。第一阶段结算：$300 \times 30\% = 90$（万元）。

【相关考点】见本节习题4。

13. 【2022年真题】选择施工合同计价方式应考虑的因素有（　　）。

A. 承包人的资质等级和管理水平

B. 项目监理机构人数和人员资格

C. 招标时设计文件已达到的深度

D. 项目本身的复杂程度

E. 工程施工的难易程度和进度要求

【解析】选择施工合同计价方式应考虑的因素有：①项目复杂程度；②工程设计工作的深度；③工程施工的难易程度；④工程进度要求的紧迫程度。

14. 【2015年真题】下列关于合同价款及计价方式的说法，正确的有（　　）。

A. 实行招标的工程合同价款应在中标通知书发出之日起28天内由发、承包双方约定

B. 招标文件与投标文件合同价款约定不一致的，应以招标文件为准

C. 实行工程量清单计价的工程，应采用单价合同

D. 实行招标的工程合同价款应由发、承包双方根据招标文件和中标人的投标文件在书面合同中约定

E. 不实行招标的工程合同价款，应在发、承包双方认可的工程价款基础上在合同中约定

【解析】实行招标的工程合同价款应在中标通知书发出之日起30天内，由发、承包双方依据招标文件和中标人的投标文件在书面合同中约定。招标文件与中标人投标文件不一致的地方应以投标文件为准。

【相关考点】见本节习题3。

15. 【2013年真题】某工程合同价的确定方式为：发包方不需对工程量进行任何规定，承包方在投标时只需按发包方给出的分部（分项）工程项目及工程范围进行报价，而工程量则按实际完成的数量结算，这种合同属于（　　）。

A. 纯单价合同　　B. 可调工程量单价合同

C. 不可调值单价合同　　D. 可调值总价合同

【解析】纯单价合同是指发包方不需对工程量做出任何限定，承包方在投标时只需按发包方给出的分部（分项）工程及工程范围提出报价，合同实施过程中按照实际完成的工程量进行估算的合同。

【相关考点】见本节习题4。

16. 【2013年真题】适宜采用固定总价合同的工程有（　　）。

A. 招标时的设计深度已达到施工图设计要求、图纸完整齐全的工程

B. 规模较小、技术不太复杂的中、小型工程

C. 没有施工图、工程量不明、急于开工的紧迫工程

D. 工期长、技术复杂、不可预见因素较多的工程

E. 合同工期短的工程

【解析】固定总价合同的适用条件一般为：①招标时的设计深度已达到施工图设计要求，工程设计图纸完整齐全，项目范围及工程量计算依据确切，合同履行过程中不会出现较大的设计变更，承包方依据的报价工程量与实际完成的工程量不会有较大的差异；②规模较小，技术不太复杂的中、小型工程，承包方一般在报价时可以合理地预见到实施过程中可能遇到的各种风险；③合同工期较短，一般为工期在一年之内的工程。

【相关考点】见本节习题4。

17. 【2012年真题】下列关于建设项目单价合同特点的说法，正确的是（　　）。

A. 实施项目的工程性质和工程量应在事先确定

B. 实际总价按工程量清单工程量与合同单价确定

C. 承包方在投标报价中不需要考虑风险费用

D. 实际工程价格可能大于也可能小于合同价格

【解析】纯单价合同的工程量事先不确定，故选项A错误。

实际总价应按照实际完成的工程量来计算，故选项B错误。

承包方在投标报价时应当考虑所承担的风险费用，故选项C错误。

【相关考点】见本节习题4。

18. 【2012年真题】在固定总价合同的执行过程中，发包方应对合同总价做相应调整的情况是（　　）。

A. 工程量减少5%　　　　B. 水泥价格上涨3%

C. 出现恶劣气候　　　　D. 工程范围变更

【解析】采用固定总价合同，合同总价只有在设计和工程范围发生变更的情况下才能随之作相应的变更，除此之外，合同总价一般不得变动。

【相关考点】见本节习题4。

19. 【2011年真题】对工程范围明确，但工程量不能准确计算，却急需开工的紧迫工程，应采用（　　）合同形式。

A. 估计工程量单价　　　　B. 纯单价

C. 可调总价　　　　D. 可调单价

【解析】采用纯单价合同时，发包方只向承包方给出发包工程的有关分部（分项）工程以及工程范围，不对工程量做出任何规定，承包商在投标时只需要对这类给定范围的分部（分项）工程做出报价即可，合同实施过程中按实际完成的工程量进行结算。因此这类合同适用于没有施工图，工程量不明，却急需开工的紧迫工程。

【相关考点】见本节习题4。

20. 【2011年真题】当项目实际工程量与估计工程量没有实质性差别时，由承包人承担工程量变化风险的合同形式有（　　）。

A. 固定总价合同　　B. 纯单价合同
C. 成本加奖罚合同　　D. 可调总价合同
E. 成本加固定百分比酬金合同

**【解析】** 不论是固定总价合同还是可调总价合同，工程量变化的风险在不发生设计和工程范围变更的前提下（实质性变化）由承包人承担。

21. **【2022 年真题】** 对于采用成本加奖罚计价方式的合同，在合同订立阶段发、承包双方不需要确定的是（　　）。

A. 预期成本　　B. 限额成本
C. 固定酬金　　D. 奖罚计算办法

**【解析】** 采用成本加奖罚计价方式的合同，在签订合同时双方事先约定该工程的预期成本和固定酬金，以及实际发生的成本与预期成本比较后的奖罚计算办法。

## 二、参考答案

| 题号 | 1 | 2 | 3 | 4 | 5 | 6 | 7 | 8 | 9 |
|---|---|---|---|---|---|---|---|---|---|
| 答案 | D | BCD | C | A | D | D | D | ADE | D |
| 题号 | 10 | 11 | 12 | 13 | 14 | 15 | 16 | 17 | 18 |
| 答案 | C | C | ABC | CDE | CDE | A | ABE | D | D |
| 题号 | 19 | 20 | 21 | | | | | | |
| 答案 | B | AD | B | | | | | | |

# 第七章

# 建设工程施工阶段的投资控制

## 第一节　施工阶段投资目标控制

### 一、真题及解析

**【2016 年真题】** 将项目总投资按单项工程及单位工程等分解编制而成的资金使用计划称为按（　　）分解的资金使用计划。

A. 投资构成　　B. 子项目　　C. 时间进度　　D. 专业工程

**【解析】** 将项目总投资按单项工程及单位工程等分解编制而成的资金使用计划称为按子项目分解的资金使用计划。

### 二、参考答案

B

## 第二节　工程计量

### 一、历年真题及解析

1. **【2022 年补考真题】** 监理人应在收到承包人提交的工程量报告后（　　）天内完成对承包人提交的工程量报表的审核并报送给发包人。

A. 7　　B. 14　　C. 28　　D. 48

**【解析】** 监理人应在收到承包人提交的工程量报告后 7 天内完成对承包人提交的工程量报表的审核并报送发包人，以确定当月实际完成的工程量。

**【相关考点】** 见本节习题 2。

2. **【2020 年真题】** 根据《建设工程施工合同（示范文本）》（GF-2017-0201），除专用合同条款另有约定外，承包人向监理人报送上月 20 日至当月 19 日已完成工程量报告的时间为每月（　　）日。

A. 20　　B. 21　　C. 25　　D. 28

**【解析】** 根据《建设工程施工合同（示范文本）》（GF-2017-0201），承包人应于每月 25 日向监理人报送上月 20 日至当月 19 日已完成的工程量报告，并附具进度付款申请单、已完成工程量报表和有关资料。

【相关考点】

**计量程序**

根据《建设工程施工合同（示范文本）》（GF-2017-0201）：

（1）每月25日向监理人报送上月20日至当月19日已完工程量报告，附具进度付款申请单、已完工程量报表和有关资料。

（2）监理人应在收到承包人提交的工程量报告后7天内完成审核并报送发包人。监理人对工程量有异议的，有权要求承包人进行共同复核或抽样复测，承包人应协助监理人并按要求提供补充计量资料。承包人未按监理人要求参加复核或抽样复测的，监理人复核或修正的工程量视为承包人实际完成的工程量。

（3）监理人未在收到承包人提交的工程量报表后7天内完成审核的，承包人报送的工程量视为承包人实际完成的工程量，据此计算工程款。

同时根据现行《建设工程工程量清单计价规范》GB 50500的规定：

（1）发包人认为需要进行计量核实时，应在计量前24小时通知承包人，承包人应协助并派人参加。承包人收到通知后不派人参加，视为认可发包人的计量核实结果。发包人不按照约定时间通知承包人，计量核实结果无效。

（2）承包人认为发包人核实的计量结果有误时，应在收到计量结果通知后的7天内向发包人提出书面意见，并附上其认为正确的计量结果和详细的计算资料。发包人收到书面意见后7天内对承包人计量结果进行复核后通知承包人。

3. **【2019年真题】**根据《建设工程施工合同（示范文本）》（GF-2017-0201），监理人应在收到承包人提交的工程量报告后（　　）天内完成对承包人提交的工程量报表的审核并报送发包人。

A. 7　　B. 14　　C. 21　　D. 28

**【解析】**根据《建设工程施工合同（示范文本）》（GF-2017-0201），监理人应在收到承包人提交的工程量报告后7天内完成审核并报送发包人。

**【相关考点】**见本节习题2。

4. **【2023年真题】**下列工程量中，监理人应予计量的有（　　）。

A. 非承包人原因工程变更增加的工程量

B. 因工程量清单漏项增加的工程量

C. 承包人超出图纸范围施工增加的工程量

D. 因发包人提供资料错误造成承包人返工的工程量

E. 承包人原因施工质量超出合同要求增加的工程量

**【解析】**监理人一般只对以下三方面的工程项目进行计量：①工程清单中的全部项目；②合同文件中规定的项目；③工程变更项目。

**【相关考点】**见下表。

**计量的依据和计量的范围**

| 计量的依据 | 计量的范围 |
| --- | --- |
| ①质量合格证书：质量达到合同标准的已完工程才予以计量<br>②工程量清单前言和技术规范<br>③设计图纸：计量的几何尺寸要以设计图纸为依据，工程师对承包人超出设计图纸要求增加的工程量和自身原因造成返工的工程量不予计量 | ①工程清单中的全部项目<br>②合同文件中规定的项目<br>③工程变更项目 |

5. **【2018 年真题】** 下列承包人已完工程的各项工程量，项目监理机构应予以计量的是（　　）。

A. 工程变更导致增加的工程量　　B. 有缺陷工程的工程量

C. 承包人原因导致返工的工程量　　D. 承包人超出设计图纸增加的工程量

**【解析】** 工程计量应当同时满足质量合格、符合规范、按图施工三个条件。选项 B 错误，对于承包人已完的工程，并不是全部进行计量，只有质量合格的工程才予以计量；选项 C、D 错误，工程师对承包人超出设计图纸要求增加的工程量和自身原因造成的返工的工程量，不予以计量。

**【相关考点】** 见本节习题 4。

6. **【2022 年真题】** 混凝土构筑物体积的计量一般采用的方法是（　　）。

A. 均摊法　　B. 估价法　　C. 断面法　　D. 图纸法

**【解析】** 图纸法：在工程量清单中，许多项目都采取按照设计图纸所示的尺寸进行计量。如混凝土构筑物的体积、钻孔桩的桩长等。

7. **【2023 年真题】** 钻孔桩桩长的计量一般采用的方法是（　　）。

A. 断面法　　B. 图纸法　　C. 估价法　　D. 分解计量法

**【解析】** 混凝土构筑物的体积，钻孔桩的桩长等采取按照设计图纸所示的尺寸进行计量。

8. **【2022 年补考真题】** 可以按照承包人提供的凭据进行计量支付的有（　　）。

A. 建筑工程险保险费　　B. 履约保证金手续费

C. 保养测量设备　　D. 保养气象记录设备

E. 第三方责任保险费

**【解析】** 所谓凭据法，就是按照承包人提供的凭据进行计量支付，如建设工程险保险费、第三方责任险保险费、履约保证金等项目。

**【相关考点】** 见下表。

**建筑工程险保险费项目**

| | | |
| --- | --- | --- |
| 均摊法 | 按照合同工期平均计量 | 为监理人提供宿舍、日常的保养及维修 |
| 凭据法 | 按照承包人提供的凭据进行计量支付 | 建筑工程险保险费、第三方责任险保险费、履约保证金等 |

（续）

| | | |
|---|---|---|
| 估价法 | 根据监理人估算的已完成工程价值支付 | 为监理人提供办公设施和生活设施，提供用车，提供天气记录、通信设备 |
| 断面法 | | 主要用于取土坑或填筑路堤提放的计量 |
| 图纸法 | | 混凝土构筑物体积，钻孔桩的桩长 |
| 分解计量法 | 将项目根据工序或部位分解为若干子项目 | |

9. **【2016 年真题】** 在施工阶段，监理工程师应进行计量的项目有（　　）。

A. 工程量清单中的全部项目　　B. 各种原因造成返工的全部项目

C. 合同文件中规定的项目　　D. 超出合同工程范围施工的项目

E. 工程变更项目

**【解析】** 监理人一般只对以下三方面的工程项目进行计量：①工程清单中的全部项目；②合同文件中规定的项目；③工程变更项目。

**【相关考点】** 见本节习题4。

10. **【2014 年真题】** 工程计量时，监理人应予计量的工程量有（　　）。

A. 承包人超出设计图纸和设计文件要求所增加的工程量

B. 工程量清单中的工程量

C. 有缺陷工程的工程量

D. 工程变更导致增加的工程量

E. 承包人原因导致返工的工程量

**【解析】** 因承包人原因造成的超出合同工程范围施工或返工的工程量，监理人不予计量。

**【相关考点】** 见本节习题4。

11. **【2013 年真题】** 对于工程量清单中的某些项目，如保养气象记录设备、保养测量设备等，一般用（　　）进行计量支付。

A. 均摊法　　B. 凭证法

C. 估价法　　D. 分解计量法

**【解析】** 所谓均摊法就是对清单中的某些项目的合同价款，按合同工期平均计量的方法，如为监理人提供宿舍，保养测量设备，保养气象记录设备，维护工地清洁和整洁等。

**【相关考点】** 见本节习题8。

12. **【2012 年真题】** 按照《建设工程施工合同（示范文本）》，监理人计量结果视为有效的是（　　）。

A. 承包人在计量前 12 小时收到通知未参加的工程计量

B. 承包人在计量前 24 小时收到通知未参加的工程计量

C. 对承包人超出设计图纸范围的工程进行的工程计量

D. 收到承包人已完工程量报告的 8 天后进行的工程计量

【解析】发包人认为需要进行计量核实时，应在计量前 24 小时通知承包人，承包人应协助并派人参加。承包人收到通知后不派人参加，视为认可发包人的计量核实结果。发包人不按照约定时间通知承包人，计量核实结果无效，故选项 A 错误，选项 B 正确。

监理人未在收到承包人提交的工程量报表后 7 天内完成审核的，承包人报送的工程量视为承包人实际完成的工程量，据此计算工程款，故选项 D 错误。

监理人对承包人超出设计图纸范围的工程不予计量，故选项 C 错误。

【相关考点】见本节习题 2。

## 二、参考答案

| 题号 | 1 | 2 | 3 | 4 | 5 | 6 | 7 | 8 | 9 |
|---|---|---|---|---|---|---|---|---|---|
| 答案 | A | C | A | ABD | A | D | B | ABE | ACE |
| 题号 | 10 | 11 | 12 | | | | | | |
| 答案 | BD | A | B | | | | | | |

# 第三节　合同价款调整

## 一、历年真题及解析

1. 【2021 年真题】某工程原定 2019 年 6 月 30 日竣工，因承包人原因，工程延至 2019 年 10 月 30 日竣工，但在 2019 年 7 月因法律、法规的变化导致工程造价增加 200 万，则该工程合同价款的正确处理方法是（　　）。

A. 不予调增　　B. 调增 100 万　　C. 调增 150 万　　D. 调增 200 万

【解析】因承包人原因导致工期延误的，按上述规定的调整时间，在合同工程原定竣工时间之后，合同价款调增的不予调整，合同价款调减的予以调整。

【相关考点】见本节习题 9。

2. 【2022 年真题】2021 年 9 月实际完成的某土方工程，按基准日期的价格计算的已完成工程量的金额为 1000 万元，该工程的定值权重为 0.2；除人工费价格指数增长 10% 外，各可调因子均未发生变化；人工费占可调值部分的 40%。按价格调整公式计算，该土方工程需调整的价款为（　　）万元。

A. 32　　B. 40　　C. 80　　D. 100

【解析】$1000\times[0.2+0.8\times40\%\times(1+10\%)+0.8\times60\%\times1-1]=32$（万元）。

3. 【2021 年真题】2019 年 11 月实际完成的某土方工程，按基准日期价格计算的已完成工程量的金额为 1000 万元，该工程的定值权重为 0.2。各可调因子的价格指数除人工费增长 20% 外，其他均增长了 10%，人工费占可调值部分的 50%。按照价格调整公式计算，该土方工程需调整的价款为（　　）万元。

A. 80　　B. 120　　C. 130　　D. 150

【解析】土方工程需调整的价款 = 1000 ×（0.2 + 0.8 × 0.5 × 1.2 + 0.8 × 0.5 × 1.1 − 1）= 120（万元）。

【相关考点】见本节习题4。

4.【2020年真题】某工程约定采用价格指数法调整合同价款，承包人根据约定提供的数据见下表。本期完成合同价款为45万元，其中已按现行价格计算的计日工价款为5万元。本期应调整的合同价款差额为（　　）万元。

| 序号 | 名称 | 变值权重 | 基本价格指数 | 现行价格指数 |
| --- | --- | --- | --- | --- |
| 1 | 人工费 | 0.30 | 110% | 120% |
| 2 | 钢材 | 0.25 | 112% | 123% |
| 3 | 混凝土 | 0.2 | 115% | 125% |
| 4 | 定值权重 | 0.25 | | |
| | 合计 | 1 | | |

A. −2.85　　B. −2.54　　C. 2.77　　D. 3.12

【解析】合同价款调整额 = $(45-5)\times\left[\left(0.25+0.3\times\frac{120}{110}+0.25\times\frac{123}{112}+0.2\times\frac{125}{115}\right)-1\right]=$ 2.77（万元）。

【相关考点】

**市场价格波动（物价变化）**

（1）不利于违约方原则：因非承包人原因导致工期延误的，计划进度日期后续工程的价格，应采用计划进度日期与实际进度日期两者的较高者（调高的予以调高，调减的不予以调减）。

因承包人原因导致工期延误的，则计划进度日期后续工程的价格，采用计划进度日期与实际进度日期两者的较低者（调高的不予以调高，调减的予以调减）。

发包人供应材料和工程设备的，由发包人自行按照实际变化调整，列入合同工程的工程造价内。

（2）采用价格指数进行价格调整。

**价格调整公式**

$$P = P_0 \times (a_0 + a_1 \cdot A/A_0 + a_2 \cdot B/B_0 + a_3 \cdot C/C_0 + a_4 \cdot D/D_0 + \cdots)$$

式中　$P$——调值后承包人应得到的已完成工程量的金额；

$P_0$——付款证书中承包人应得到的已完成工程量的金额。此项金额应不包括价格调整、不计质量保证金的扣留和支付、预付款的支付和扣回。变更及其他金额已按现行价格计价的，也不计在内；

$a_0$——定值权重（不调部分的权重），代表不可调部分在合同价中所占的比例；

$a_1$、$a_2$、$a_3$、$a_4$……——变值权重（可调部分的权重）代表可调整因子在合同总价中所占的比例；

$$a_1+a_2+a_3+a_4+\cdots=1$$

$A_0$、$B_0$、$C_0$、$D_0$……——基准日期的价格指数；

$A$、$B$、$C$、$D$……——调值时的现行价格指数，指约定的付款证书相关周期最后一天的前42天的各可调因子的价格指数。

5.【**2023年真题**】某土方工程，合同工程量为4万$m^3$，合同综合单价为92元/$m^3$。合同约定，当实际工程量增加15%以上时，超出15%以上部分的工程量综合单价应予调低。由于设计变更，该工程实际完成工程量5万$m^3$，监理人和承包人依据合同约定协商后确定的土方工程变更单价为89.5元/$m^3$，则该工程实际结算价款为（　　）万元。

A. 447.5　　B. 457.5　　C. 459.0　　D. 460.0

**【解析】** $40000\times1.15\times92+(50000-40000\times1.15)\times89.5=459.0$（万元）

**【相关考点】**

### 双“15”原则

（1）发承包双方协商确定$P_1$（第一个“15”原则）。

对于任一招标工程量清单项目，如果因工程量偏差和工程变更等原因导致工程量偏差超过15%，调整的原则为：当工程量增加15%以上时，其增加部分的工程量的综合单价应予调低；当工程量减少15%以上时，减少后剩余部分的工程量的综合单价应予调高。此时，按下列公式调整结算分部（分项）工程费。

当$Q_1>1.15Q_0$时，$S=1.15Q_0\times P_0+(Q_1-1.15Q_0)\times P_1$

当$Q_1<0.85Q_0$时，$S=Q_1\times P_1$

式中　$S$——调整后的某一分部（分项）工程费结算价；

$Q_1$——最终完成的工程量；

$Q_0$——招标工程量清单中列出的工程量；

$P_1$——按照最终完成工程量重新调整后的综合单价；

$P_0$——承包人在工程量清单中填报的综合单价。

（2）与最高投标限价对比确定$P_1$（第二个“15”原则）。

投标报价与最高投标限价的偏差超过15%，要调整。工程量偏差项目综合单价$P_1$的调整可参考以下公式：

当$P_0<P_{最高投标限价}\cdot(1-L)\cdot(1-15\%)$时，该类项目的综合单价$P_1=P_{最高投标限价}\cdot(1-L)\cdot(1-15\%)$。

当$P_0>P_{最高投标限价}\cdot(1+15\%)$时，该类项目的综合单价$P_1=P_{最高投标限价}\cdot(1+15\%)$。

当 $P_0 > P_{最高投标限价} \cdot (1-L) \cdot (1-15\%)$ 或者 $P_0 < P_{最高投标限价} \cdot (1+15\%)$ 时，可不调整价格：$P_1 = P_0$

式中　$P_1$——按照最终完成工程量重新调整后的综合单价；

$P_0$——承包人在工程量清单中填报的综合单价。

6. **【2022 年真题】** 根据现行《建设工程工程量清单计价规范》GB 50500，当承包人投标报价中材料单价高于基准单价价格，施工期间材料单价涨幅以（　　）为基础超过合同约定的风险幅度值时，其超过部分按实调整。

A. 定额单价　　B. 投标报价　　C. 基准单价　　D. 投标控制价

**【解析】** 当承包人投标报价中材料单价高于基准单价：施工期间材料单价跌幅以基准单价为基础超过合同约定的风险幅度值时，材料单价涨幅以投标报价为基础超过合同约定的风险幅度值时，其超过部分按实调整。

7. **【2019 年真题】** 根据现行《建设工程工程量清单计价规范》GB 50500，当承包人投标报价中材料单价低于基准单价时，施工期间材料单价跌幅以（　　）为基础，超过合同约定的风险幅度值时，其超过部分按实调整。

A. 基准单价　　B. 投标报价　　C. 定额单价　　D. 投标控制价

**【解析】** 根据现行《建设工程工程量清单计价规范》GB 50500，当承包人投标报价中材料单价低于基准单价时，施工期间材料单价跌幅以投标报价为基础，超过合同约定的风险幅度值时，其超过部分按实调整。

8. **【2019 年真题】** 已签约合同价中的暂列金额由（　　）负责掌握使用。

A. 承包人　　B. 监理人　　C. 贷款人　　D. 发包人

**【解析】** 已签约合同价中的暂列金额由发包人负责掌控使用。

**【相关考点】**

**暂列金额**

暂列金额是招标人在工程量清单中暂定并包括在合同价款中的一笔款项，用于工程合同签订时尚未明确或者不可预见的所需材料、工程设备、服务的采购，施工中可能发生的工程变更、合同约定调整因素出现时的合同价款调整以及发生的索赔、现场签证等费用。已签约合同价中的暂列金额由发包人负责掌握使用。

9. **【2018 年真题】** 某工程原定 2017 年 9 月 30 日竣工，因承包人原因，致使工程延至 2017 年 12 月 30 日竣工。但在 2017 年 10 月因法律、法规的变化导致工程造价增加 100 万元，则该工程合同价款的正确处理方式是（　　）。

A. 调增 50 万元　　B. 调增 75 万元

C. 调增 100 万元　　D. 不予调增

**【解析】** 因承包人原因导致工期延误的，在合同工程原定竣工时间之后，合同价款调增的不予调整，合同价款调减的予以调整。

**【相关考点】**

**法律、法规变化**

基准日期：招标工程以投标截止日前28天，非招标工程以合同签订前28天。

依法调整：在基准日期之后，因国家法律、法规、规章和政策变化引起工程造价增减变化的，发、承包双方应当按照省级或行业建设主管部门或其授权的工程造价管理机构据此发布的规定调整合同价款。

不利于违约方的原则：因承包人原因导致工期延误的，按上述规定的调整时间，在合同工程原定竣工时间之后，合同价款调增的不予调整，合同价款调减的予以调减。

10. **【2018年真题】**某混凝土工程招标工程量为900m$^3$，综合单价为350元/m$^3$。在施工过程中由于设计变更导致实际完成工程量为1150m$^3$。合同约定：当实际完成工程量增加超过15%时，超出部分的综合单价要调低，调价系数为0.9，该混凝土工程实际结算工程款为（　　）万元。

A. 36.2250　　B. 39.3750　　C. 39.8475　　D. 40.2500

**【解析】**实际完成工程量增加超过15%后，需要就超过部分执行新单价；该混凝土工程的工程量增加1150－900＝250m$^3$，幅度＝250/900×100%＝27.78%＞15%。因此，该混凝土工程实际的结算工程款＝900×1.15×350＋（1150－900×1.15）×350×0.9＝398475（元）＝39.8475（万元）。

**【相关考点】**见本节习题5。

11. **【2018年真题】**某工程在施工过程中，因不可抗力造成损失，承包人及时向项目监理机构提出了索赔申请，并附有相关证明材料，要求补偿的经济损失如下：

（1）在建工程损失30万元。

（2）承包人的施工机械设备损坏损失5万元。

（3）承包人受伤人员医药费和补偿金4.5万元。

（4）工程清理修复费用2万元。

根据《建设工程施工合同（示范文本）》（GF-2017-0201），项目监理机构应批准的补偿金额为（　　）万元。

A. 32.0　　B. 36.5　　C. 37.0　　D. 41.5

**【解析】**根据“各自损失，各自承担”的原则，因不可抗力导致的在建工程损失由发包人承担，工程所需清理、修复费用由发包人承担，因此，项目监理机构应批准的补偿金额为32万元。承包人的施工机械设备损坏损失、承包人受伤人员医药费均由承包人承担，不能索赔。

**【相关考点】**

不可抗力：不可预见，不可避免并不能克服的客观情况。

因不可抗力事件导致的人员伤亡、财产损失及其费用增加，发、承包双方按照“风险损失分担”的原则承担：

（1）发包人：合同工程本身的损害，因工程损害导致的第三方人员伤亡和财产损失，运至施工现场用于施工的材料和待安装设备的损害，发包人自身人员伤亡，停工期间应发包人要求留守工地的管理人员及保卫人员费用，工程清理、修复费用，不能按期竣工的工期损失（应顺延工期）。

（2）承包人：承包人自身的人员伤亡，施工机械设备损坏及停工，措施项目（临时设施、围挡等）。

注意：上述关于不可抗力风险分担的原则，现行《建设工程工程量清单计价规范》GB 50500与《建设工程施工合同（示范文本）》（GF-2017-0201）的规定有细微差异，但不涉及此题，最新的教材参照的是现行《建设工程工程量清单计价规范》GB 50500的规定。

12. **【2017年真题】** 施工过程中，出现施工图纸变更导致项目特征与招标工程量清单项目特征描述不符时，综合单价的确定应以（　　）的项目特征为准。

A. 原设计图纸所示　　B. 清单描述

C. 变更图纸所示　　D. 标准图集描述

**【解析】** 承包人应按照发包人提供的设计图纸实施工程合同，若在合同履行期间出现设计图纸（含设计变更）与招标工程量清单任一项目的特征描述不符，且该变化引起该项目的工程造价增减变化的，应按照实际施工的项目特征，按规范中工程变更相关条款的规定重新确定相应工程量清单项目的综合单价，并调整合同价款。

**【相关考点】** 量变引起价变如下图所示。

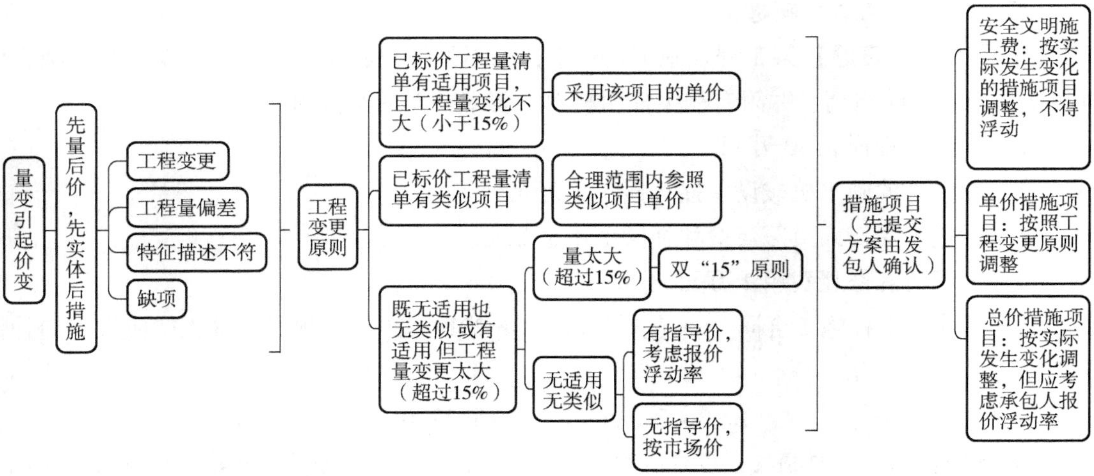


13. **【2017年真题】** 招标工程以投标截止日前（　　）天为基准日，其后相关法律、法规发生变化并引起工程造价增减变化的，可以调整合同价款。

A. 14　　B. 15　　C. 28　　D. 30

**【解析】** 招标工程以投标截止日前28天，非招标工程以合同签订前28天为基准日，其后因国家的法律、法规、规章和政策发生变化引起工程造价增减变化的，发、承包双方应当按照省级或行业建设主管部门或其授权的工程造价管理机构据此发布的规定调整合同价。

**【相关考点】** 见本节习题9。

14. **【2017年真题】** 某土方工程招标工程量清单中，土方开挖工程量为600$m^3$。施工过程中，由于设计变更，减少土方开挖工程量100$m^2$，则减少后剩余部分的工程量综合单价应（　　）。

A. 由发包人确定　　B. 直接采用该项目综合单价

C. 相应调低　　D. 相应调高

**【解析】** 根据现行《建设工程工程量清单计价规范》GB 50500，对于任一招标工程量清单项目，如果因工程量偏差和工程变更等原因导致工程量偏差超过15%时，可进行调整。当工程量增加15%以上时，增加部分的工程量的综合单价应予调低；当工程量减少15%以上时，减少后剩余部分的工程量的综合单价应予调高。

**【相关考点】** 见本节习题5。

15. **【2017年真题】** 下列关于工程合同价款调整程序的说法，正确的有（　　）。

A. 出现合同价款调减事项后的14天内，承包人应向发包人提交相应报告

B. 出现合同价款调增事项后的14天内，承包人应向发包人提交相应报告

C. 发包人收到承包人合同价款调整报告7天内，应对其核实并提出书面意见

D. 发包人收到承包人合同价款调整报告7天内未确认，视为报告被认可

E. 发、承包双方对合同价款调整的意见不能达成一致，且对履约不产生实质影响的，双方应继续履行合同义务

**【解析】** 选项A错误，出现合同价款调减事项（不含工程量偏差、施工索赔）后的14天内，发包人应向承包人提交合同价款调减报告并附相关资料；选项B正确，出现合同价款调增事项（不含工程量偏差、计日工、现场签证、施工索赔）后的14天内，承包人应向发包人提交合同价款调增报告并附相关资料；选项C、D错误，发（承）包人在收到合同价款调增（减）报告之日起14天内未确认也未提出协商意见的，视为承（发）包人提交的合同价款调增（减）报告已被发（承）包人认可。

**【相关考点】**

一般程序（不含工程量偏差、计日工、现场签证、施工索赔）：14天。

出现合同价款调增（减）事件→承（发）包人提交合同价款调整报告并附相关资料→发（承）包人核实并书面确认（有异议的提出协商意见，也是14天内答复确认）→不能达成一致意见的，按合同约定的争议方式处理。

16. **【2017年真题】** 工程合同价款中暂列金额的主要用途有（　　）。

A. 不可抗力造成承包人停工损失的补偿

B. 总承包服务费的支付

C. 施工中发生工程变更的支付

D. 合同约定调整因素出现的合同价款调整

E. 索赔、现场签证确认的费用

【解析】暂列金额是指招标人在工程量清单中暂定，并包括在合同价款中的一笔款项。用于工程合同签订时尚未确定或者不可预见的所需材料、工程设备、服务的采购，施工中可能发生的工程变更、合同约定调整因素出现时的合同价款调整以及发生的索赔、现场签证确认等的费用。选项 B 的总承包服务费，是与暂列金额平行的，并与计日工共同构成其他项目费。

不可抗力造成的承包人停工损失应当由承包人自行承担，故选项 A 错误。

【相关考点】见本节习题 8。

17.【2016 年真题】某工程采用的预拌混凝土由承包人提供，双方约定承包人承担的价格风险系数≤5%。承包人投标时对预拌混凝土的投标报价为 308 元/$m^3$，招标人的基准价格为 310 元/$m^3$，实际采购价为 327 元/$m^3$，发包人在结算时确认的单价应为（　　）元/$m^3$。

A. 308.00　　B. 309.50　　C. 310.00　　D. 327.00

【解析】本题中投标单价低于基准价，按基准价算（“涨高跌低”），$(327/310-1)\times 100\%=5.48\%>5\%$；已超过约定的风险系数，应予调整。调整后的单价（“结算单价”）：$308+(327-310\times 1.05)=309.50$（元/$m^3$）。

18.【2015 年真题】施工合同履行期间，下列关于因不可抗力事件导致合同价款和工期调整的说法，正确的有（　　）。

A. 工程修复费用由承包人承担

B. 承包人的施工机械设备损坏由发包人承担

C. 工程本身的损坏由发包人承担

D. 发包人要求赶工的，赶工费用由发包人承担

E. 工程所需清理费用由发包人承担

【解析】因不可抗力造成的损失中，工程所需清理、修复费用，应由发包人承担；承包人的施工机械设备损坏及停工损失，应由承包人承担。

【相关考点】见本节习题 11。

19.【2014 年真题】某工程原定 2013 年 9 月 20 日竣工，因承包人原因，致使工程延至 2013 年 10 月 20 日竣工。但在 2013 年 10 月因法规的变化导致工程造价增加 120 万元，工程合同价款应（　　）。

A. 调增 60 万元　　B. 调增 90 万元　　C. 调增 120 万元　　D. 不予调整

【解析】法律、法规变化时，因承包人原因导致工期延误的，在合同工程原定竣工时间之后，合同价款调增不予调增，合同价款调减的予以调整。

【相关考点】见本节习题 9。

20.【2014 年真题】某分项工程招标工程量为 1000$m^2$。施工中由于涉及变更调整为 1200$m^2$。该分项工程最高投标限价单价为 300 元/$m^2$，投标报价单价为 360 元/$m^2$。根据现行《建设工程工程量清单计价规范》GB 50500。该分项工程的结算款为（　　）元。

A. 420000 B. 429000 C. 431250 D. 432000

【解析】$360 \div 300 = 1.2$，偏差为 $20\% > 15\%$，$300 \times (1 + 0.15) = 345$（元/$m^2$），由于 $360 > 345$，该项目变更后的单价应调整为 345 元/$m^2$。

分项工程结算款 $= 1.15 \times 1000 \times 360 + (1200 - 1.15 \times 1000) \times 345 = 431250$（元）。

21. 【2014 年真题】某分项工程合同价为 6 万元，采用价格指数进行价格调整。可调值部分占合同总价的 70%，可调值部分由 A、B、C 三项成本要素构成，分别占可调值部分的 20%、40%、40%，基准日期价格指数均为 100，结算依据的价格指数分别为 110、95、103，则结算的价款为（ ）万元。

A. 4.83 B. 6.05 C. 6.63 D. 6.90

【解析】$P = 60000 \times [0.3 + 0.7 \times (0.2 \times 110/100 + 0.4 \times 95/100 + 0.4 \times 103/100)] = 60504$(元) $= 6.05$(万元)。

【相关考点】见本节习题 4。

22. 【2014 年真题】根据现行《建设工程工程量清单计价规范》GB 50500。当承包人投标报价中材料单价低于基准单价时，施工期间材料单价涨幅以（ ）为基础，超过合同约定的风险幅度值的，其超过部分按实调整。

A. 投标报价 B. 最高投标限价

C. 基准单价 D. 实际单价

【解析】当承包人投标报价中材料单价低于基准单价：施工期间材料单价涨幅以基准单价为基础超过合同约定的风险幅度值时，或材料单价跌幅以投标报价为基础超过合同约定的风险幅度值时，其超过部分按实调整。

23. 【2011 年真题】某工程由于承包人原因未在约定的工期内竣工，若该工程在原约定竣工日期后继续施工，则采用价格指数调整其价格差额时，现行价格指数应采用（ ）。

A. 原约定竣工日期的价格指数

B. 实际竣工日期的价格指数

C. 原约定竣工日期和实际竣工日期价格指数中较低的一个

D. 实际竣工日期前 42 天的价格指数

【解析】不利于违约方原则：因非承包人原因导致工期延误的，计划进度日期后续工程的价格，应采用计划进度日期与实际进度日期两者的较高者（调高的予以调高，调减的不予以调减）。

因承包人原因导致工期延误的，则计划进度日期后续工程的价格，采用计划进度日期与实际进度日期两者的较低者（调高的不予以调高，调减的予以调减）。

【相关考点】见本节习题 4。

24. 【2019 年真题】某工程在施工过程中，因不可抗力造成如下损失：①在建工程损失 10 万元；②承包人受伤人员医药费和补偿金 2 万元；③施工机具损坏损失 1 万元；④工程清理和修复费用0.5万元。承包人及时向项目监理机构提出了索赔申请，共索赔13.5万元。根据《建设工程施工合同（示范文本）》（GF-2017-0201），项目监理机构应批准的索赔金额为（　　）万元。

A. 10.0　　B. 10.5　　C. 12.5　　D. 13.5

【解析】因不可抗力导致的损失中，应由发包人承担的有：合同工程本身的损害，因工程损害导致的第三方人员伤亡和财产损失，运至施工现场用于施工的材料和待安装设备的损害，发包人自身人员伤亡，停工期间应发包人要求留守工地的管理人员及保卫人员费用，工程清理、修复费用，不能按期竣工的工期损失（应顺延工期）。故应批准的索赔金额 = 10 + 0.5 = 10.5（万元）。

【相关考点】见本节习题11。

25. **【2022年补考真题】** 工程发包时，招标人应当根据相关工程的工期定额合理计算工期，压缩的工期不得超过定额工期的（　　）。

A. 10%　　B. 20%　　C. 30%　　D. 50%

【解析】招标人应当依据相关工程的工期定额合理计算工期，压缩的工期天数不得超过定额工期的20%，将其量化。超过者，应在招标文件中明示增加赶工费用。

## 二、参考答案

| 题号 | 1 | 2 | 3 | 4 | 5 | 6 | 7 | 8 | 9 |
|---|---|---|---|---|---|---|---|---|---|
| 答案 | A | A | B | C | C | B | B | D | D |
| 题号 | 10 | 11 | 12 | 13 | 14 | 15 | 16 | 17 | 18 |
| 答案 | C | A | C | C | D | BE | CDE | B | CDE |
| 题号 | 19 | 20 | 21 | 22 | 23 | 24 | 25 | | |
| 答案 | D | C | B | C | C | B | B | | |

# 第四节　工程变更价款的确定

## 一、历年真题及解析

1. **【2017年真题】** 下列承包人因工程变更提出的调整措施项目费的事项中，需采用承包人报价浮动率计算的是（　　）。

A. 安全文明施工费

B. 按单价计算的措施项目费

C. 按总价计算的措施项目费

D. 实施方案未提交发包人确认的措施项目费

【解析】选项 A 错误，因为安全文明施工费按照实际发生变化的措施项目调整，不得浮动；选项 B 错误，因为采用单价计算的措施项目费按照实际发生变化的措施项目及已标价工程量清单项目的规定确定单价；选项 D 错误，因为如果承包人未事先将拟实施的方案提交给发包人确认，则视为工程变更不引起措施项目费的调整或承包人放弃调整措施项目费的权利。

【相关考点】见本章第三节习题 12。

2. 【2016 年真题】根据现行《建设工程工程量清单计价规范》GB 50500，当实际工程量比招标工程量清单中的工程量增加 15% 以上时，对综合单价进行调整的方法是（　　）。

A. 增加后整体部分的工程量的综合单价调低

B. 增加后整体部分的工程量的综合单价调高

C. 超出约定部分的工程量的综合单价调低

D. 超出约定部分的工程量的综合单价调高

【解析】对于任一招标工程量清单项目，如果因工程量偏差和工程变更等原因导致工程量偏差超过 15%，调整的原则为：当工程量增加 15% 以上时，其增加部分的工程量的综合单价应予调低；当工程量减少 15% 以上时，减少后剩余部分的工程量的综合单价应予调高。

【相关考点】见本章第三节习题 5。

3. 【2013 年真题】某独立土方工程，招标文件中估计工程量为 1 万 $m^3$，合同中约定土方工程单价为 20 元/$m^3$，当实际工程量超过估计工程量 10% 时，需调整单价，单价调整为 18 元/$m^2$。该工程结算时实际完成土方工程量为 1.2 万 $m^2$，则土方工程款为（　　）万元。

A. 21.6　　B. 23.6　　C. 23.8　　D. 24.0

【解析】土方工程款 $=1.1\times20+0.1\times18=23.8$（万元）。

【相关考点】见本章第三节习题 5。

## 二、参考答案

| 题号 | 1 | 2 | 3 |
|---|---|---|---|
| 答案 | C | C | C |

# 第五节　施工索赔与现场签证

## 一、历年真题及解析

1. 【2021 年真题】根据《标准施工招标文件》，发包人应给予承包人工期和费用补偿，但不包括利润的情形有（　　）。

A. 施工过程中发现文物

B. 发包人提供的材料不符合合同要求

C. 异常恶劣的气候条件

D. 承包人遇到难以合理预见的不利物质条件

E. 监理人对隐蔽工程重新检查证明工程质量符合合同要求

**【解析】** 发包人提供的材料不符合合同要求，监理人对隐蔽工程重新检查证明工程质量符合合同要求，发包人应给予承包人工期、费用和利润补偿，故选项 B、E 错误；异常恶劣的气候条件发包人应给予承包人工期补偿，故选项 C 错误。

**【相关考点】** 见本节习题 3。

2. **【2021 年真题】** 根据“FIDIC《施工合同条件》（2017 版）”，业主应给予承包商工期、费用和利润补偿的情形有（　　）。

A. 例外事件　　B. 当地政府造成的延误

C. 业主原因暂停工程　　D. 非承包商责任的修补工作

E. 因法律变化

**【解析】** 根据“FIDIC《施工合同条件》（2017 版）”，选项 A 错误，例外事件的后果只能索赔工期和费用；选项 B 错误，当地政府造成的延误只能索赔工期；选项 E 错误，因法律变化只索赔工期和费用。

**【相关考点】**

| “FIDIC《施工合同条件》（2017 版）”中合同条款规定的可以合理补偿承包人索赔的条款 |
|---|
| 基本同《标准施工招标文件》，但是有下列区别：<br>①延误和/或费用、进场道路、因法律改变的调整、例外事件的后果可索赔：工期 + 费用<br>②竣工时间的延长、当地政府造成的延误可索赔：工期<br>③部分工程的接收、承包商的调查、业主自便终止合同、自主选择终止、根据法律解除履约可索赔：费用和利润 |

3. **【2020 年真题】** 在施工过程中发现文物，导致费用增加和工期延误，承包人提出索赔，监理人处理该索赔的正确做法是（　　）。

A. 可批复增加的费用、延误的工期和相应利润

B. 可批复延误的工期，不批复增加的费用和利润

C. 可批复增加的费用，不批复延误的工期和利润

D. 可批复增加的费用和延误的工期，不批复利润

**【解析】** 施工过程中发现文物（不利的物质条件），导致费用增加和工期延误属于发包人应承担的风险责任，工期和费用索赔成立，但利润索赔不成立。

**【相关考点】**《标准施工招标文件》中规定可以合理补偿承包人索赔的情形：“工期索赔是基础，行为责任要费利，天上风险仅工期，地下风险有费用，拖延付款加利息”。

4. **【2020 年真题】** 常用的索赔费用计算方法是（　　）。

A. 实际费用法　　B. 单价定额法　　C. 总费用法　　D. 修正的总费用法

**【解析】** 索赔费用计算方法有实际费用法、总费用法、修正的总费用法，其中最常见的

是实际费用法。

【相关考点】见下表。

索赔费用计算方法

| | |
|---|---|
| 实际费用法 | 所有索赔事件分别计算索赔值然后求和，是最常用的一种方法 |
| 总费用法 | 发生多次索赔事件后，重新计算该工程的实际总费用，索赔金额 = 实际总费用 − 投标报价总费用 |
| 修正的总费用法 | 在总费用的基础上进行修正，索赔金额 = 修正后的实际总费用 − 修正后的报价费用<br>修正的内容：<br>①计算索赔款的期限仅限于收外界影响的时间，而不是整个施工期<br>②只计算受影响时段内的某项工作所受影响的损失，而不是该时段内所有的工作<br>③与该项工作无关的费用不列入总费用中<br>④对投标报价费用进行核算，按受影响时段内的该工作的实际单价进行核算，乘以实际完成的工程量，得到修正后的报价费用 |

5.【**2019年真题**】承包人在施工中遇到了一个有经验的承包人也难以预测的不利物质条件，导致承包人成本增加和工期延误，则承包人可索赔（　　）。

A. 增加的成本、延误的工期和相应利润

B. 延误的工期，不能索赔增加的成本和相应利润

C. 增加的成本，不能索赔延误的工期和相应利润

D. 增加的成本和延误的工期，不能索赔相应利润

【**解析**】承包人在施工中遇到了一个有经验的承包人也难以预测的不利物质条件，导致承包人成本增加和工期延误，则承包人可索赔增加的成本和延误的工期，不能索赔相应利润。

【**相关考点**】见本节习题3。

6.【**2019年真题**】下列导致承包成本增加和工期延误的索赔事件中，根据“FIDIC《施工合同条件》(2017版)”，发包人可以给予承包人补偿工期、成本和利润的事件有（　　）。

A. 现场发现化石硬币或有价值的文物　　B. 法规改变

C. 文件有缺陷或技术性错误　　D. 发包人未能提供现场

E. 延误的图纸或指示

【**解析**】“现场发现化石硬币或有价值的文物”“法规改变”只能索赔工期、成本，不能索赔利润。

【**相关考点**】见本节习题2。

7.【**2023年真题**】采用修正总费用法计算索赔费用时，正确的做法有（　　）。

A. 重新核算投标费用

B. 基于预算定额基价重新核算实际单价

C. 将计算索赔款的时间段局限于受到外界影响的时间，而不是整个施工期

D. 只计算受影响时段内某项工作所受影响的损失，而不是计算该时段内所有施工工作所遭受的损失

E. 与该项工作无关的费用不列入总费用

**【解析】** 详见本节习题4。

8. **【2018 年真题】** 根据“FIDIC《施工合同条件》（2017 版）”，承包人仅能索赔增加的成本和延误的工期，不能索赔利润的情形有（　　）。

A. 不能预见的物质条件

B. 工程变更

C. 暂停施工

D. 因工程师数据差错造成放线错误

E. 增加额外试验

**【解析】** 纯属发包人原因引起的索赔，承包人可以索赔利润；选项 B、D、E 均可以索赔工期、成本和利润。

**【相关考点】** 见本节习题2。

9. **【2018 年真题】** 下列费用中，承包人可以提出索赔的有（　　）。

A. 承包人为保证混凝土质量选用高标号水泥而增加的材料费

B. 非承包人责任的工程延期导致的材料价格上涨费

C. 冬雨期施工增加的材料费

D. 由于设计变更增加的材料费

E. 材料二次搬运费

**【解析】** 承包人的材料费索赔，通常包括索赔事件引起的材料用量增加、价格上涨、超期存储等。选项 A，属于承包人为保证工程质量而采取的措施，不应给予索赔；选项 C 和 E，均属于措施费中的内容，不能重复计算。

**【相关考点】** 见下表。

**索赔费用的组成及计算（额外工作 + 价格上涨 + 工期延长窝工 + 降效或超期储存）**

| 索赔费用项目 | 索赔费用的组成或计算 |
| --- | --- |
| 人工费 | 完成合同之外的额外工作所花费的人工费用 |
| | 人工降效所增加的人工费用 |
| | 超过法定工作时间加班增加的费用 |
| | 法定人工费增长，工程延误导致的人工窝工费和工资上涨 |
| 材料费 | 材料实际用量超过计划用量而增加的材料费 |
| | 客观原因导致材料价格大幅度上涨 |
| | 非承包人责任工程延误导致材料价格上涨和超期储存费用 |
| 施工机具使用费 | 完成额外的工作增加的机械、仪器仪表使用费 |
| | 承包人责任工效降低而增加的机械、仪器仪表使用费 |
| | 发包人或监理工程师原因导致的窝工费（租赁机械：租赁费 + 进出场分摊费；自有：折旧费） |

（续）

| 索赔费用项目 | 索赔费用的组成或计算 |
| --- | --- |
| 总部管理费（没有统一计算方法）（注意：现场管理费为现场管理人员工资、办公、通信、交通费等） | 按投标文件中总部管理费的比例（3%～8%）：总部管理费＝总部管理费比率×(人、料、机费用索赔款＋现场管理费索赔款) |
| | 按照公司总部统一规定的管理费比率计算：总部管理费＝公司管理费比率×（人、料、机费用索赔款＋现场管理费索赔款） |
| | 以工程延期的总天数为基础，计算总部管理费索赔额：<br>某一工程的管理费＝同期公司的总管理费×该工程合同额/同期内公司总合同额<br>该工程的每日管理费＝该工程上缴管理费/合同施工天数<br>索赔的总部管理费＝该工程的每日管理费×工程延期的天数 |
| 利润 | 与原报价单中的利润率保持一致 |
| 迟延付款利息 | 按银行同期贷款利率支付迟延付款利息 |

10. **【2018 年真题】** 根据《标准施工招标文件》，承包人可同时索赔增加的成本、延误的工期和相应利润的情形有（　　）。

A. 发包人提供的工程设备不符合合同要求

B. 异常恶劣的气候条件

C. 监理人重新检查隐蔽工程后发现工程质量符合合同要求

D. 发包人原因造成工期延误

E. 施工过程中发现文物

**【解析】** 发包人原因引起的索赔，承包人可同时索赔增加的成本、延误的工期和相应利润。选项 B 错误，异常恶劣的气候条件，可以索赔工期；选项 E 错误，施工过程中发现文物，可以索赔工期和成本。

**【相关考点】** 见本节习题 3。

11. **【2017 年真题】** 根据“FIDIC《施工合同条件》(2017 版)”，下列索赔事项中，承包人只能申请延长工期和增加费用、不能索赔利润的是（　　）。

A. 文件有缺陷或技术性错误　　B. 发现有价值文物

C. 工程师放线错误　　D. 发包人未能提供现场场地

**【解析】** 选项 A、C、D，可以索赔工期、费用和利润；选项 B，发现化石、古币或有价值的文物，可以索赔工期和费用，不能索赔利润。

**【相关考点】** 见本节习题 2。

12. **【2017 年真题】** 下列引起费用增加的事项中，属于现场签证范围的是（　　）。

A. 施工合同范围以外的零星工程　　B. 承包人原因导致的人工、设备窝工

C. 纠正施工方案错误引起的费用　　D. 质量问题返工的工程量

**【解析】** 现场签证的范围一般包括：①适用于施工合同范围以外零星工程的确认；②在工程施工过程中发生变更后需要现场确认的工程量；③非承包人原因导致的人工、设备窝工及有关损失；④符合施工合同规定的非承包人原因引起的工程量或费用增减；⑤确认修改施工方案引起的工程量或费用增减；⑥工程变更导致的工程施工措施费增减等。

13. **【2017 年真题】** 计算索赔费用最常用的方法是（　　）。

A. 总费用法　　B. 实际费用法

C. 修正的总费用法　　D. 单价法

**【解析】** 实际费用法是施工索赔时，最常用、最准确的计算方法（针对单项索赔）。

**【相关考点】** 见本节习题 4。

14. **【2017 年真题】** 下列工程索赔事项中，属于发包人向承包人索赔的有（　　）。

A. 地质条件变化引起的索赔　　B. 施工中人为障碍引起的索赔

C. 加速施工费用的索赔　　D. 工期延误的索赔

E. 对超额利润的索赔

**【解析】** 发包人向承包人的索赔包括：①工期延误索赔；②质量不满足合同要求索赔；③承包人不履行的保险费用索赔；④对超额利润的索赔；⑤发包人合理终止合同或承包人不正当放弃工程的索赔。同时，应留意对工期延误索赔通常考虑的因素。

15. **【2016 年真题】** 下列事件中，需要进行现场签证的是（　　）。

A. 合同范围以内零星工程的确认　　B. 修改施工方案引起工程量增减的确认

C. 承包人原因导致设备窝工损失的确认　　D. 合同范围以外新增工程的确认

**【解析】** 现场签证的范围一般包括：①适用于施工合同范围以外零星工程的确认；②在工程施工过程中发生变更后需要现场确认的工程量；③非承包人原因导致的人工、设备窝工及有关损失；④符合施工合同规定的非承包人原因引起的工程量或费用增减；⑤确认修改施工方案引起的工程量或费用增减；⑥工程变更导致的工程施工措施费增减等。

16. **【2015 年真题】** 下列费用中，承包人可索赔施工机具使用费的有（　　）。

A. 由于完成额外工作增加的机械、仪器仪表使用费

B. 由于施工机械故障导致的机械停工费

C. 由于项目监理机构原因导致的机械窝工费

D. 由于发包人要求承包人提前竣工，使工效降低增加的施工机械使用费

E. 施工机具保养费用

**【解析】** 施工机具使用费的索赔包括：①由于完成额外工作增加的机械、仪器仪表使用费；②非承包人责任导致工效降低增加的机械、仪器仪表使用费；③由于发包人或监理工程师原因导致机械、仪器仪表停工的窝工费。

**【相关考点】** 见本节习题 9。

17. **【2014 年真题】** 某工程在施工过程中，因不可抗力造成在建工程损失 16 万元。承

包方受伤人员医药费4万元，施工机具损失6万元，施工人员窝工费2万元，工程清理修复费4万元。承包人及时向项目监理机构索赔申请，并附有相关证明材料。则项目监理机构应批准的补偿金额为（　　）万元。

A. 20　　B. 22　　C. 24　　D. 32

【解析】不可抗力造成的损失是各自承担各自的损失。可以索赔的费用为：16+4=20（万元）。

【相关考点】见本章第三节习题11。

18.【2014年真题】下列费用中，承包人可以获得发包人补偿的有（　　）。

A. 承包人为保证混凝土质量选用高标号水泥而增加的材料费

B. 现场承包人仓库被盗而损失的材料费

C. 非承包人责任的工程延期导致的材料价格上涨费

D. 设计变更增加的材料费

E. 冬雨期施工增加的材料费

【解析】选项A并不是发包人要求承包人选用高标号的水泥，不能补偿；选项B属于承包人应该承担的风险，所以不能索赔。选项E已经包含在措施费中了，所以不能索赔。

【相关考点】见本节习题9。

19.【2014年真题】发包人向承包人的索赔包括（　　）。

A. 工期延误的索赔　　B. 工程变更引起的索赔

C. 对超额利润的索赔　　D. 加速施工的索赔

E. 发包人合理终止合同的索赔

【解析】发包人向承包人的索赔包括：①工期延误索赔；②质量不满足合同要求索赔；③承包人不履行的保险费用索赔；④对超额利润的索赔；⑤发包人合理终止合同或承包人不正当放弃工程的索赔。

20.【2013年真题】某建设工程项目，承包商在施工过程中发生如下人工费：完成业主要求的合同外工作花费3万元；由于业主原因导致工效降低，使人工费增加2万元；施工机械故障造成人员窝工损失0.5万元。则承包商可索赔的人工费为（　　）万元。

A. 2.0　　B. 3.0　　C. 5.0　　D. 5.5

【解析】因完成业主要求合同外工程的花费和人工费的增加都是业主的原因，所以索赔费用为3+2=5.0（万元）。

【相关考点】见本节习题9。

21.【2012年真题】由于承包人原因造成工期拖期，业主向承包人提出工程拖期索赔时应考虑的因素有（　　）。

A. 赶工导致施工成本增加　　B. 工程拖期后物价上涨

C. 工程拖期产生的附加监理费　　D. 工程拖期引起的贷款利息增加

E. 工程拖期产生的业主盈利损失

【解析】发包人向承包人的索赔，工期延误索赔，索赔费用一般应考虑：①发包人盈利损失；②工程拖期而引起的贷款利息增加；③工程拖期带来的附加监理费；④由于工程拖期不能使用，继续租用原建筑物或租用其他建筑物的租赁费。

【相关考点】

**发包人向承包人的索赔**

（1）工期延误索赔，索赔费用一般应考虑：

①发包人盈利损失；②工程拖期而引起的贷款利息增加；③工程拖期带来的附加监理费；④由于工程拖期不能使用，继续租用原建筑物或租用其他建筑物的租赁费。

（2）质量不满足合同要求索赔。

（3）承包人不履行的保险费用索赔。

（4）对超额利润的索赔（工程量增加，但固定费用不增加，如管理费）。

（5）发包人合理终止合同或承包人不正当放弃工程的索赔。

## 二、参考答案

| 题号 | 1 | 2 | 3 | 4 | 5 | 6 | 7 | 8 | 9 |
|---|---|---|---|---|---|---|---|---|---|
| 答案 | AD | CD | D | A | D | CDE | CDE | AC | BD |
| 题号 | 10 | 11 | 12 | 13 | 14 | 15 | 16 | 17 | 18 |
| 答案 | ACD | B | A | B | DE | B | ACD | A | CD |
| 题号 | 19 | 20 | 21 | | | | | | |
| 答案 | ACE | C | CDE | | | | | | |

# 第六节　合同价款期中支付

## 一、历年真题及解析

1. **【2022 年真题】** 承包人在每个计量周期向发包人提交的已完工程进度款支付申请应包括的内容有（　　）。

A. 签约合同价　　B. 累计已完成的合同价款

C. 本周期合计完成的合同价款　　D. 本周期合计应扣减的金额

E. 本周期实际应支付的合同价款

【解析】支付申请应包括下列内容：

①累计已完成的合同价款。

②累计已实际支付的合同价款。

③本周期合计完成的合同价款。

④本周期合计应扣减的金额。

⑤本周期实际应支付的合同价款。

2. 【2016 年真题】工程款支付证书由（　　）签发。

A. 专业监理工程师　　B. 建设单位

C. 总监理工程师　　D. 项目审计部门

【解析】工程款支付证书由总监理工程师签发。

3. 【2013 年真题】工程进度款的计算主要涉及（　　）。

A. 工程质量的检验和施工进度计划　　B. 工程量的计量和单价的确定

C. 直接费和间接费的计算　　D. 施工方案和分部（分项）工程的确定

【解析】工程进度款的计算主要涉及工程量的计算和对应的单价确定方法。

4. 【2023 年真题】在工程建设领域对建筑工人工资支付负总责的单位是（　　）。

A. 建设单位　　B. 总包单位

C. 分包单位　　D. 监理单位

【解析】工程建设领域总包单位对农民工工资支付负总责，推行分包单位农民工工资委托总包单位代发制度。

5. 【2023 年真题】根据《关于完善建设工程价款结算有关办法的通知》（财建〔2022〕183 号），政府机关、事业单位、国有企业建设工程进度款支付应不低于已完成工程价款的（　　）。

A. 70%　　B. 80%　　C. 85%　　D. 90%

【解析】政府机关、事业单位、国有企业建设工程进度款支付应不低于已完成工程价款的 80%。

## 二、参考答案

| 题号 | 1 | 2 | 3 | 4 | 5 |
|---|---|---|---|---|---|
| 答案 | BCDE | C | B | B | B |

# 第七节　竣工结算与支付

## 一、历年真题、预测题及解析

1. 【2021 年真题】下列关于质量保证金的说法中，正确的有（　　）。

A. 质量保证金预留的总额不得高于工程价款结算总额的 6%

B. 工程竣工前承包人已提供履约担保的，发包人不得同时预留工程质量保证金

C. 质量保证金原则上采用保函方式

D. 质量保证金可以在工程竣工结算时一次性扣留

E. 质量保证金可以在支付工程进度款时逐次扣留

【解析】质量保证金预留总额不得高于工程价款结算总额的3%，故选项A错误。

【相关考点】

| 质量保证金的处理 | |
|---|---|
| 质量保证金的提交或扣留 | （1）承包人提供保证金的方式（原则上采用下列第①种方式）<br>①质量保证金保函（在签发竣付款证书后28天内提交）<br>②相应比例的工程款<br>③其他方式<br>（2）保证金扣留的方式（原则上采用下列第①种方式）<br>①支付进度款时逐次扣留<br>②竣工结算时一次扣留<br>③其他<br>发包人累计扣留的质量保证金或提供保函的金额均不得超过工程价款结算总额的3% |
| 质量保证金的返还 | ①发包人在接到承包人返还保证金申请后，应于14天内会同承包人按照合同约定的内容进行核实。如无异议，发包人应当按照约定将保证金返还给承包人<br>②对返还期限没有约定或者约定不明确的，发包人应当在核实后14天内将保证金返还承包人，逾期未返还的，依法承担违约责任<br>③发包人在接到承包人返还保证金申请后14天内不予答复，经催告后14天内仍不予答复，视同认可承包人的返还保证金申请 |

2. 【预测题】根据《建设工程施工合同（示范文本）》（GF-2017-0201）通用合同条款，下列关于工程保修的说法，正确的是（　　）。

A. 保修期内因发包人使用不当造成工程的缺陷和损坏，可以委托承包人修复，发包人承担修复的费用但不用支付承包人利润

B. 保修期内因承包人原因造成工程的缺陷和损坏，承包人应负责修复并承担修复的费用，但不承担因工程缺陷和损坏成的人身及财产损失

C. 保修期内因特大地震造成工程的缺陷和损坏，可以委托承包人修复，发包人承担修复的费用并支付承包人合理的利润

D. 保修期内发包人发现已接收的工程存在任何缺陷应书面通知承包人修复，承包人接到通知后应在48小时内到工程现场修复缺陷

【解析】保修期内因发包人使用不当造成工程的缺陷和损坏，可以委托承包人修复，发包人承担修复的费用，并支付承包人合理利润，故选项A错误。

保修期内因承包人原因造成工程的缺陷和损坏，承包人应负责修复并承担修复的费用，并承担因工程缺陷和损坏造成的人身及财产损失，故选项B错误。

在保修期内，发包人在使用过程中，发现已接收的工程存在缺陷或损坏的，应书面通知承包人予以修复，但情况紧急必须立即修复缺陷或损坏的，发包人可以口头通知承包人并在口头通知后48小时内书面确认，承包人应在专用合同条款约定的合理期限内到达工程现场并修复缺陷或损坏，故选项D错误。

因其他原因（包括不可抗力）造成工程的缺陷、损坏，可以委托承包人修复，发包人应承担修复的费用，并支付承包人合理的利润，因工程的缺陷、损坏造成的人身伤害和财产损失由责任方承担，故选项C正确。

3. **【2022年补考真题】**合同约定承包人以银行保函替代预留质量保证金的，质保金额不得超过工程结算款总额的（　　）。

A. 3%　　B. 5%　　C. 10%　　D. 20%

**【解析】**发包人应按照合同约定方式预留保证金，保证金总预留比例不得高于工程价款结算总额的3%。合同约定由承包人以银行保函替代预留保证金的，保函金额不得高于工程价款总额3%。

4. **【2022年补考真题】**建筑工程保修期从（　　）起计算。

A. 竣工验收合格之日　　B. 完工移交之日

C. 竣工验收备案之日　　D. 缺陷责任期之日

**【解析】**房屋建筑工程保修期从工程竣工验收合格之日起计算。

## 二、参考答案

| 题号 | 1 | 2 | 3 | 4 |
|---|---|---|---|---|
| 答案 | BCD | C | A | A |

# 第八节　投资偏差分析

## 一、历年真题及解析

1. **【2022年补考真题】**某工程施工至9月底已完工作预算投资为3800万元，已完工作实际投资为4200万元，计划工作预算投资为4000万元，该工程此时的进度绩效指数为（　　）。

A. 0.90　　B. 0.95　　C. 1.05　　D. 1.11

**【解析】**进度绩效指数(SPI) = 已完工作预算投资(BCWP)/计划工作预算投资(BCWS) = 3800/4000 = 0.95

2. **【2021年真题】**某地下工程，计划到5月份累计开挖土方1.2万$m^3$，预算单价为90元/$m^3$。经确认，到5月份实际累计开挖土方1万$m^3$，实际单价为95元/$m^3$，该工程此时的投资偏差为（　　）万元。

A. –18　　B. –5　　C. 5　　D. 18

【解析】投资偏差 = 已完工作预算投资 – 已完工作实际投资 = 1 × 90 – 1 × 95 = –5（万元）。

3. **【2020 年真题】**某工程施工至 2020 年 6 月底，经统计分析：已完工作预算投资 2500 万元，已完工作实际投资 2800 万元，计划工作预算投资 2600 万元。该工程此时的投资绩效指数为（　　）。

A. 0.89　　B. 0.96　　C. 1.04　　D. 1.12

【解析】投资绩效指数 = 已完工作预算投资(BCWP)/已完工作实际投资(ACWP) = 2500/2800 = 0.89。

【相关考点】

## 赢得值法

（1）三个基本参数（量 × 价）。

①已完工作预算投资（BCWP）= 已完成工作量 × 预算单价（基数——被减数和分子）。

②计划工作预算投资（BCWS）= 计划工作量 × 预算单价。

③已完工作实际投资（ACWP）= 已完成工作量 × 实际单价。

（2）四个评价指标。

评价指标

<table>
<tr><td rowspan="4">绝对指标</td><td rowspan="2">①投资偏差① – ③ = 已完工作预算投资 – 已完工作实际投资</td><td rowspan="2">已完工作 ×（预算单价 – 实际单价）</td><td>“+”意味着项目节支</td></tr>
<tr><td>“–”意味着项目超支</td></tr>
<tr><td rowspan="2">②进度偏差① – ② = 已完工作预算投资 – 计划工作预算投资</td><td rowspan="2">预算单价 ×（已完工作 – 计划工作）</td><td>“+”意味着进度提前</td></tr>
<tr><td>“–”意味着进度延误</td></tr>
<tr><td rowspan="4">相对指标</td><td rowspan="2">③投资绩效指数①/③</td><td rowspan="2">预算单价/实际单价（已完工作预算投资/已完工作实际投资）</td><td>“>1”意味着节支</td></tr>
<tr><td>“<1”意味着超支</td></tr>
<tr><td rowspan="2">④进度绩效指数①/②</td><td rowspan="2">已完工作/计划工作</td><td>“>1”意味着进度提前</td></tr>
<tr><td>“<1”意味着进度延误</td></tr>
</table>

4. **【2018 年真题】**某工程施工至 2018 年 3 月底，经统计分析：已完工作预算投资 580 万元，已完工作实际投资 570 万元，计划工作预算投资 600 万元，该工程此时的进度偏差为（　　）万元。

A. –30　　B. –20　　C. –10　　D. 10

【解析】在四个评价指标中，进度偏差 = 已完工作预算投资 – 计划工作预算投资 = 580 – 600 = –20（万元），意味着进度延误。

【相关考点】见本节习题 3。

5. **【2018 年真题】**某工程施工至 2017 年 12 月底，经统计分析：已完工作预算投资 480 万元，已完工作实际投资 510 万元，计划工作预算投资 450 万元，该工程此时的投资绩效指数为（　　）。

A. 0.88　　　　B. 0.94　　　　C. 1.06　　　　D. 1.07

【解析】在四个评价指标中，投资绩效指数 = 已完工作预算投资/已完工作实际投资 = 480/510 = 0.94，意味着投资超支。

【相关考点】见本节习题 3。

6.【2017 年真题】某工程施工至 10 月底，经统计分析，已完工作实际投资为 260 万元，已完工程预算投资为 240 万元，计划工作预算投资为 200 万元，则该工程此时的进度偏差为（　　）万元。

A. 40　　　　B. 20　　　　C. −20　　　　D. −40

【解析】进度偏差 = 已完工作预算投资 − 计划工作预算投资 = 240 − 200 = 40（万元）。

【相关考点】见本节习题 3。

7.【2017 年真题】赢得值法的评价指标有（　　）。

A. 已完工作预算投资　　　　B. 计划工作预算投资

C. 投资绩效指数　　　　D. 进度绩效指数

E. 进度偏差

【解析】赢得值法的四个评价指标分别是投资偏差、进度偏差、投资绩效指数、进度绩效指数。

【相关考点】见本节习题 3。

8.【2022 年真题】下列产生投资偏差的原因中，属于业主原因的有（　　）。

A. 材料代用　　　　B. 基础处理

C. 未及时提供场地　　　　D. 施工方案不当

E. 增加工程内容

【解析】选项 A、B、D 属于施工单位原因。

9.【2016 年真题】下列引起投资偏差的原因中，属于建设单位原因的有（　　）。

A. 设计标准变化　　　　B. 投资规划不当

C. 建设手续不全　　　　D. 施工方案不当

E. 未及时提供施工场地

【解析】投资偏差原因中，业主原因包括增加内容、投资规划不当、组织不落实、建设手续不全、协调不佳、未及时提供场地及其他。

【相关考点】如下图所示。

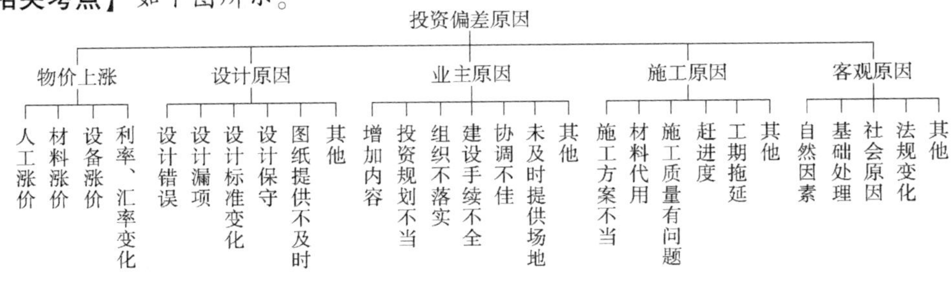

10. **【2015 年真题】** 对于投资偏差的原因，不属于业主原因的是（　　）。

A. 投资规划不当　　B. 建设手续不全

C. 未及时提供场地　　D. 图纸提供不及时

**【解析】** 投资偏差原因中，业主原因包括增加内容、投资规划不当、组织不落实、建设手续不全、协调不佳、未及时提供场地及其他。

**【相关考点】** 见本节习题9。

11. **【2022 年补考真题】** 下列投资偏差原因中，属于施工原因的是（　　）。

A. 材料代用　　B. 物价上涨

C. 赶进度　　D. 工期拖延

E. 组织不落实

**【解析】** 投资偏差原因中，施工原因包括：①施工方案不当；②材料代用；③施工质量有问题；④赶进度；⑤工期拖延；⑥其他。

## 二、参考答案

| 题号 | 1 | 2 | 3 | 4 | 5 | 6 | 7 | 8 | 9 |
|---|---|---|---|---|---|---|---|---|---|
| 答案 | B | B | A | B | B | A | CDE | CE | BCE |
| 题号 | 10 | 11 | | | | | | | |
| 答案 | D | ACD | | | | | | | |

# 2024 年考点预测及实战模拟

## 模拟试卷（一）

**一、单项选择题**（共 24 题，每题 1 分，每题的备选项中只有一个最符合题意）

1. 某建设项目，静态投资 3460 万元，建设期贷款利息 60 万元，涨价预备费 80 万元，流动资金 800 万元。则该项目的建设投资为（　　）万元。

A. 3520　　B. 3540　　C. 3600　　D. 4400

2. 根据现行建筑安装工程费用项目组成，下列费用中，应计入分部（分项）工程费的是（　　）。

A. 安全文明施工费　　B. 二次搬运费

C. 施工机械使用费　　D. 大型机械设备进出场及安拆费

3. 建设工程项目技术设计和施工图设计应依据（　　）设置投资控制目标。

A. 投资估算　　B. 设计概算

C. 施工图预算　　D. 建安工程承包合同价

4. 下列组成建设工程项目总概算的费用中，属于工程费用的是（　　）。

A. 工程监理费　　B. 建设期利息

C. 研究试验费　　D. 固定资产使用费

5. 根据《建筑安装工程费用项目组成》（建标［2013］44 号文），不属于企业管理费的是（　　）。

A. 教育费附加　　B. 新材料的试验费用

C. 防滑手套购买费　　D. 职工上下班交通补贴

6. 施工单位以 60 万元价格购买一台挖掘机，预计可使用 1000 个台班，残值率为 5%。施工单位使用 15 个日历天，每日历天按 2 个台班计算，司机每台班工资与台班动力费等合计为 100 元，该台挖掘机的使用费为（　　）万元。

A. 1.41　　B. 1.71　　C. 1.86　　D. 2.01

7. 某工程，设备与工器具购置费为 600 万元，建筑安装工程费为 1000 万元，工程建设其他费为 100 万元，基本预备费费率为 10%，该工程项目的基本预备费应为（　　）万元。

A. 100　　B. 160　　C. 170　　D. 200

8. 实行资本金制度的投资项目，资本金的筹措情况应当在（　　）中做出详细说明。

A. 项目建议书　　B. 项目可行性研究报告

C. 初步设计文件　　D. 施工招标文件

9. 某公司发行票面额为2000万元的优先股股票，筹资费率为4%，股息年利率为12%，则其资金成本率为（　　）。

A. 9.29%　　B. 11.54%　　C. 12.50%　　D. 33.33%

10. 关于PFI融资方式的说法，错误的是（　　）。

A. 项目的合同类型是服务合同

B. 如果私营企业通过正常经营未达到合同规定的收益，可以继续保持运营权

C. 应用面更广

D. 主要用于基础设施或市政设施，如机场、港口、电厂、公路、自来水厂等，以及自然资源开发项目

11. 某人以8%单利借出15000元，借款期为3年，收回后以7%复利将上述借出资金的本利和再借出，借款期为10年，此人在第13年年末可以获得的复本利和是(　　)万元。

A. 3.3568　　B. 3.4209　　C. 3.5687　　D. 3.6586

12. 某地2019年拟建一座年产50万吨某产品的工业项目。该地区2017年已建年产40万吨相同产品项目的建设投资额为6000万元。生产能力指数为0.9，综合调整系数为1.15，则该拟建项目的建设投资额是（　　）万元。

A. 4177.8　　B. 5644.56　　C. 6979.76　　D. 8434.67

13. 某项目总投资4400万元，年平均息税前利润595.4万元，项目资本金1840万元，利息及所得税191.34万元，则该项目的总投资收益率为（　　）。

A. 9.18%　　B. 13.53%　　C. 21.96%　　D. 32.55%

14. 采用净现值和内部收益率指标进行财务分析的共同特点是（　　）。

A. 考虑了资金的时间价值，并全面考虑了项目在整个计算期内的经济状况

B. 能够直接以金额表示项目的盈利水平

C. 能够直接衡量项目未回收投资的收益率

D. 不需要事先确定一个基准收益率，而只需要知道基准收益率的大致范围即可

15. 关于价值工程方法及其特点的说法，正确的是（　　）。

A. 价值工程是一种经济评价方法，可用其寻求产品的最低成本

B. 价值工程是一种经济评价方法，可用其寻求产品的合理成本

C. 价值工程是在产品满足功能的前提下寻求寿命周期成本最低的一种方法

D. 价值工程是在产品满足功能的前提下寻求寿命周期内合理成本的一种方法

16. 宜采用扩大单价法编制建筑工程概算的是（　　）的单位工程。

A. 初步设计达到一定深度，建筑结构比较明确

B. 初步设计深度不够，不能准确地计算扩大分部（分项）工程量

C. 有详细的施工图设计资料，能准确地计算分部（分项）工程量

D. 没有初步设计资料，无法计算出工程量

17. 编制某单位工程施工图预算时，先根据地区统一单位估价表中的各分项工程工料单价，乘以相应的工程量并相加，得到单位工程的人工费、材料费和机械使用费三者之和，再加上措施费、间接费、利润和税金，这种编制预算的方法是（　　）。

A. 定额单价法　　B. 综合单价法

C. 全费用单价法　　D. 实物单价法

18. 下列关于分部（分项）工程工程量清单的说法，正确的是（　　）。

A. 清单为可调整的闭口清单

B. 投标人不必对清单项目逐一计价

C. 投标人可以根据具体情况对清单的列项进行变更和增减

D. 投标人不得对清单中内容不妥或遗漏的部分进行修改

19. 关于建设项目单价合同特点的说法，正确的是（　　）。

A. 实施项目的工程性质和工程量应在事先确定

B. 实际总价按工程量清单工程量与合同单价确定

C. 承包方在投标报价中不需要考虑风险费用

D. 实际工程价格可能大于也可能小于合同价格

20. 某工程资金使用计划采用时间—投资累计曲线（S 曲线）表示，因进度计划的非关键线路中存在有时差的工序或工作，所以 S 形曲线必然被包络在由全部工作都按（　　）的曲线所组成的“香蕉图”内。

A. 最早开始时间开始和最迟开始时间开始

B. 最早开始时间开始和最早完成时间开始

C. 最迟开始时间开始和最迟完成时间开始

D. 最早开始时间开始和最迟完成时间开始

21. 对于工程量清单中的某些项目，如保养气象记录设备、保养测量设备等，一般用（　　）进行计量支付。

A. 均摊法　　B. 凭证法

C. 估价法　　D. 分解计量法

22. 下列承包人因工程变更提出的调整措施项目费的事项中，需采用承包人报价浮动率计算的是（　　）。

A. 安全文明施工费

B. 按单价计算的措施项目费

C. 按总价计算的措施项目费

D. 实施方案未提交发包人确认的措施项目费

23. 某工程施工至 2017 年 12 月底，经统计分析：已完工作预算投资 480 万元，已完工作实际投资 510 万元，计划工作预算投资 450 万元，该工程此时的投资绩效指数为（　　）。

A. 0.88　　B. 0.94　　C. 1.06　　D. 1.07

24. 预付款可以采用从未完施工工程尚需的主要材料及构件的价值相当于工程预付款数额时起扣，从每次中间结算工程价款中，按材料及构件比重抵扣工程预付款，至竣工之前全部扣清，计算公式为 $T=(P-M)/N$，式中 $N$ 是指（　　）。

A. 工程预付款总额　　B. 工程合同总额

C. 主要材料及构件所占比重　　D. 累计完成工程金额

**二、多项选择题**（共 12 题，每题 2 分。每题备选项中，有 2 个或 2 个以上符合题意，至少有 1 个错项。错选，本题不得分；少选，所选的每个选项得 0.5 分）

1. 下列工作中，属于工程监理单位提供相关服务的工作内容有（　　）。

A. 审查设计单位提出的设计概算

B. 审查设计单位提出的新材料备案情况

C. 处理施工单位提出的工程变更费用

D. 处理施工单位提出的费用索赔

E. 调查使用单位提出的工程质量缺陷的原因

2. 下列费用中，属于建筑安装工程费中措施项目费的有（　　）。

A. 大型机械安拆费　　B. 工程定位复测费

C. 设计评审费　　D. 建筑工人实名制管理费

E. 临时设施费

3. 下列费用中，属于工程建设其他费用的有（　　）。

A. 进口设备检验鉴定费　　B. 施工单位临时设施费

C. 建设单位临时设施费　　D. 环境影响评价费

E. 进口设备银行手续费

4. 下列资金筹措渠道与方式中，属于既有法人内部资金来源的有（　　）。

A. 企业的现金　　B. 未来生产经营中获得可用于项目的资金

C. 企业资产变现　　D. 企业产权转让

E. 合资合作

5. 关于 BOT 项目融资方式的说法中，正确的有（　　）。

A. BOT 主要适用于竞争性不强的行业或有稳定收入的项目

B. 通常所说的 BOT 主要包括典型 BOT、BOOT 及 BOO 三种基本形式

C. 典型 BOT 形式，项目公司没有项目的所有权，只有建设和经营权

D. BOOT 方式与典型 BOT 方式的主要不同之处是，项目公司既有经营权又有所有权

E. BOT 方式的特许期一般比典型 BOOT 方式稍长

6. 可行性研究的作用包括（　　）。

A. 是取得安全生产许可证的依据　　B. 是政府投资主管部门核准项目的依据

C. 编制申请报告的依据　　D. 申请贷款的依据

E. 是进行项目施工图设计的依据

7. 下列财务分析指标中，属于动态评价的指标有（　　）。

A. 净现值率　　B. 净年值

C. 静态投资回收期　　D. 资产负债率

E. 利息备付率

8. 关于项目投资估算作用的说法中，正确的有（　　）。

A. 项目主管部门审批项目建议书是项目建议书阶段的投资估算的依据

B. 项目建议书阶段的投资估算对项目的规划、规模起参考作用

C. 可行性研究阶段的投资估算是建设项目投资的重要依据

D. 可行性研究阶段的投资估算是研究、分析、计算项目投资经济效果的重要条件

E. 设计概算不得突破批准的投资估算额，并应控制在投资估算额以内

9. 施工图预算是建设单位（　　）的依据。

A. 确定项目造价　　B. 进行施工准备

C. 控制施工成本　　D. 监督检查定额执行标准

E. 施工期间安排建设资金

10. 关于最高投标限价的说法，正确的有（　　）。

A. 最高投标限价是招标人对招标工程限定的最高工程造价

B. 招标人应在招标文件中如实公布最高投标限价

C. 最高投标限价可以进行上浮或下浮

D. 招标文件中应公布最高投标限价各组成部分的详细内容

E. 最高投标限价应在开标时公布

11. 下列工程量中，监理人应予计量的有（　　）。

A. 发包人设计变更增加的工程量

B. 承包人原因施工质量超出合同要求增加的工程量

C. 承包人超出设计图纸要求增加的工程量

D. 监理人对隐蔽工程重新检查，经检验证明工程质量符合合同要求而增加的工程量

E. 承包人原因导致返工的工程量

12. 下列费用中，承包人可以获得补偿的有（　　）。

A. 异常恶劣气候导致的人员窝工费

B. 发包人责任导致工效降低所增加的人工费用

C. 法定人工费增长增加的费用

D. 发包人责任导致的施工机械窝工费

E. 发包人责任引起工程延误导致的材料价格上涨费

# 参考答案

## 一、单项选择题

| 题号 | 1 | 2 | 3 | 4 | 5 | 6 | 7 | 8 | 9 |
|---|---|---|---|---|---|---|---|---|---|
| 答案 | B | C | B | D | B | D | C | B | C |
| 题号 | 10 | 11 | 12 | 13 | 14 | 15 | 16 | 17 | 18 |
| 答案 | D | D | D | B | A | C | A | A | D |
| 题号 | 19 | 20 | 21 | 22 | 23 | 24 | | | |
| 答案 | D | A | A | C | B | C | | | |

## 二、多项选择题

| 题号 | 1 | 2 | 3 | 4 | 5 | 6 | 7 | 8 | 9 |
|---|---|---|---|---|---|---|---|---|---|
| 答案 | ABE | ABDE | ACD | ABCD | ABCD | BCD | AB | BCDE | AE |
| 题号 | 10 | 11 | 12 | | | | | | |
| 答案 | ABD | AD | BCDE | | | | | | |

# 模拟试卷（二）

**一、单项选择题**（共 25 题，每题 1 分，每题的备选项中只有一个最符合题意）

1. 下列与材料有关的费用中，不属于建筑安装工程材料费的有（　　）。

A. 检验试验费　　B. 工地保管费

C. 运杂费　　D. 运输损耗费

2. 下列项目监理机构施工阶段投资控制的措施中，属于技术措施的是（　　）。

A. 审核承包人编制的施工组织设计　　B. 复核工程付款账单，签发付款证书

C. 审核竣工结算　　D. 编制施工阶段投资控制工作计划

3. 某施工机械预算价格为 80 万元，预计残值率为 3%，折旧年限为 5 年，每年工作 250 台班。折旧年限内预计每年大修理 1 次，每次费用为 3 万元。机械台班人工费为 150 元，台班燃料动力费为 15 元，台班车船税费为 10 元，不计台班安拆费及场外运费和经常修理费，则该机械台班单价为（　　）元。

A. 740.8　　B. 890.8　　C. 915.80　　D. 935

4. 某项目建设期为 2 年，共向银行借款 8000 万元，其中第 1 年借入 3000 万元，第 2 年借入 5000 万元，借款年利率为 6%。借款在各年内均衡使用，建设期内只计息不付息。则该项目估算的建设期利息为（　　）元。

A. 425.4　　B. 420　　C. 335.4　　D. 90

5. 在公司融资和项目融资中，所占比重最大的债务融资方式是（　　）。

A. 信贷融资　　B. 发行股票　　C. 发行债券　　D. 融资租赁

6. 下列项目融资方式中，通过已建成项目为其他新项目进行融资的是（　　）。

A. TOT　　B. ABS　　C. BOT　　D. PFI

7. 某企业年初从银行贷款 1000 万元，年名义利率 10%，按季度计算并支付利息，则每季度末应支付利息（　　）万元。

A. 10　　B. 25　　C. 26.76　　D. 33.67

8. 某人连续 5 年每年末存入银行 50 万元，银行年利率 3%，复利计息，则到期后可一次性回收的本利和为（　　）万元。

A. 228.99　　B. 251.88　　C. 257.5　　D. 265.46

9. 预计某年度应收账款 1800 万元，应付账款 1300 万元，预收账款 700 万元，预付账款 500 万元，存货 1000 万元，现金 400 万元。则该年度流动资金估算额为（　　）万元。

A. 700　　B. 1100　　C. 1700　　D. 2100

10. 某投资方案的现金流量见下表，设基准收益率为 8%，则静态投资回收期为（　　）年。

| 计算期/年 | 0 | 1 | 2 | 3 | 4 | 5 | 6 | 7 |
|---|---|---|---|---|---|---|---|---|
| 现金流入/万元 | — | — | — | 800 | 1200 | 1200 | 1200 | 1200 |
| 现金流出/万元 | — | 600 | 900 | 500 | 700 | 700 | 700 | 700 |

A. 2.25　　B. 3.58　　C. 5.4　　D. 6.6

11. 工程项目财务分析采用的标准和参数是（　　）。

A. 市场利率和净收益　　B. 净现值和社会折现率

C. 市场利率和净利润　　D. 净收益和社会折现率

12. 某工程有4个设计方案，方案甲的功能系数为0.61，成本系数为0.55；方案乙的功能系数为0.63，成本系数为0.60；方案丙的功能系数为0.62，成本系数为0.57；方案丁的功能系数为0.64，成本系数为0.56。根据价值工程原理确定的最优方案为（　　）。

A. 方案甲　　B. 方案乙　　C. 方案丙　　D. 方案丁

13. 当初步设计达到一定深度、建筑结构比较明确时，可采用（　　）方法编制建筑工程概算。

A. 扩大单价法　　B. 概算指标法　　C. 预算单价法　　D. 修正概算指标法

14. 拟建工程与已完工程预算采用同一施工图，但基础部分和现场施工条件不同，则施工图预算审查时对相同部分审查宜采用的方法是（　　）。

A. 筛选审查法　　B. 重点审查法　　C. 对比审查法　　D. 分组计算审查法

15. 根据《建设工程工程量清单计价规范》（GB 50500—2013），关于招标工程量清单中项目特征的说法，正确的是（　　）。

A. 项目特征是确定一个清单项目综合单价的重要依据

B. 不能直接采用详见某某图集的方式

C. 项目特征是进行概算审查的依据

D. 对不能满足项目特征描述要求的部位，不需要描述

16. 对于业主来说，在施工阶段投资控制最难的合同计价形式是（　　）合同。

A. 纯单价　　B. 可调总价

C. 估算工程量单价　　D. 成本加酬金

17. 在工程量清单计价模式下，关于确定分部（分项）工程项目综合单价的说法，正确的是（　　）。

A. 若分部（分项）工程量清单项目特征的描述与设计图纸不符，投标人应按设计图纸确定综合单价

B. 综合单价中不需考虑招标文件中要求投标人承担的风险费用

C. 综合单价中应考虑招标人和投标人承担的所有风险费用

D. 招标文件中提供了暂估单价的材料，应按暂估单价计入综合单价

18. 当承包人对于清单项目中规定购买的仪器设备不能一次购进时，监理工程师应采用（　　）进行计量支付。

A. 均摊法　　B. 凭据法　　C. 估价法　　D. 分解计量法

19. 某招标工程项目执行《建设工程工程量清单计价规范》（GB 50500—2013），招标工程量清单中某分项工程的工程量为 $1500m^3$，施工中由于设计变更调增 $1800m^3$，该分项工程最高投标限价的综合单价为 45 元/$m^3$，投标报价的综合单价为 52 元/$m^3$，则该分项工程的结算价为（　　）元。

A. 89700　　B. 93168.75　　C. 93581.25　　D. 93600

20. 根据《建设工程工程量清单计价规范》（GB 50500—2013），当实际增加的工程量超过清单工程量 18%，且该变化造成按单一总价方式计价的措施项目发生变化的，应将（　　）。

A. 综合单价调高，措施项目调增　　B. 综合单价调高，措施项目调减

C. 综合单价调低，措施项目调增　　D. 综合单价调低，措施项目调减

21. 根据《建设工程工程量清单计价规范》（GB 50500—2013），某分部（分项）工程综合单价为 480 元，其中暂估材料单价 300 元，管理费率 5%，利润率 7%。工程实施后，暂估材料的单价确定为 350 元。结算时该分部（分项）工程综合单价为（　　）元。

A. 350　　B. 480　　C. 530　　D. 573

22. 根据《建设工程工程量清单计价规范》（GB 50500—2013），工程变更引起施工方案改变并使措施项目发生变化时，承包人提出调整措施项目费用的，应事先将（　　）提交发包人确认。

A. 变更意向通知　　B. 工程变更的内容

C. 拟实施的施工方案　　D. 拟申请增加的费用明细

23. 施工过程中，出现施工图纸变更导致项目特征与招标工程量清单项目特征描述不符时，综合单价的确定应以（　　）的项目特征为准。

A. 原设计图纸所示　　B. 清单描述

C. 变更图纸所示　　D. 标准图集描述

24. 工程完工后，发承包双方必须在合同约定时间内办理工程竣工结算。工程竣工结算书编制与核对的责任分工是（　　）。

A. 发包人编制，承包人核对　　B. 承包人编制，发包人核对

C. 监理人编制，发包人核对　　D. 工程造价咨询机构编制，承包人核对

25. 对某建设工程项目进行投资偏差分析，若 5 月份计划完成工作量是 $150m^3$，预算单价为 350 元/$m^3$；当月实际完成工作量是 $180m^3$，实际单价为 380 元/$m^3$。则关于该项目 5 月份投资偏差分析的说法，正确的是（　　）。

A. 投资偏差为 -5400 元，预算超支　　B. 投资偏差为 10500 元，运行节支

C. 进度偏差为 10500 元，进度延误　　D. 进度偏差为 5400 元，进度提前

**二、多项选择题**（共 13 题，每题 2 分。每题备选项中，有 2 个或 2 个以上符合题意，至少有 1 个错项。错选，本题不得分；少选，所选的每个选项得 0.5 分）

1. 下列属于项目监理机构在施工阶段投资控制工作内容的有（　　）。

A. 进行工程计量　　B. 编制工程量清单
C. 协商确定工程变更的价款　　D. 审查费用索赔报审表
E. 审查设计概算

2. 下列费用项目中，属于施工机具使用费的有（　　）。
A. 施工机械经常修理费　　B. 仪器仪表使用费
C. 大型机械进出场及安拆费　　D. 工具用具使用费
E. 机上司机和其他操作人员的人工费

3. 下列费用项目中，属于联合试运转费的有（　　）。
A. 机械使用费用　　B. 设备安装工程费开支的单台设备调试费
C. 无负荷联动试运转费用　　D. 低值易耗品及其他物品的购置费用
E. 施工单位参加联合试运转人员的工资

4. 与其他融资过程相比，项目融资主要以项目的（　　）等来安排融资。
A. 资产　　B. 投资者的资信水平
C. 预期收益　　D. 项目管理的能力和水平
E. 预期现金流

5. 下列指标中，属于物有所值定性基本评价指标的有（　　）。
A. 全生命周期整合程度　　B. 风险识别与分配
C. 绩效导向与鼓励创新　　D. 运营收入增长潜力
E. 潜在竞争程度

6. 下列财务分析指标中，属于盈利能力动态分析指示的有（　　）。
A. 总投资收益率　　B. 资本金净利润率
C. 内部收益率　　D. 利息备付率
E. 净现值

7. 价值工程对象选择的方法包括（　　）。
A. 因素分析法　　B. ABC 分析法
C. 强制确定法　　D. 头脑风暴法
E. 哥顿法

8. 施工图预算对建设单位、施工单位都具有十分重要的作用。下列选项中仅属于对施工单位作用的有（　　）。
A. 确定建设项目造价的依据　　B. 在施工期间安排建设资金计划的依据
C. 编制最高投标限价的基础　　D. 控制施工成本的依据
E. 确定投标报价的依据

9. 根据《建设工程工程量清单计价规范》（GB 50500—2013），关于投标人其他项目费编制的说法，正确的有（　　）。
A. 专业工程暂估价必须按照招标工程量清单中列出的金额填写

B. 暂列金额应按照招标工程量清单中列出的金额填写，不得变动

C. 计日工应按照招标工程量清单列出的项目和数量自主确定各项综合单价

D. 总承包服务费应根据招标人要求提供的服务和现场管理需要自主确定

E. 材料暂估价由投标人根据市场价格变化自主测算确定

10. 采用最高限额成本加固定最大酬金合同，当实际成本大于预期成本小于报价成本时，承包人可以得到（　　）。

A. 预先约定的奖金　　B. 工程成本

C. 最低成本　　D. 罚金

E. 酬金

11. 下列费用中，承包人可索赔的费用有（　　）。

A. 由于完成额外工作增加的机械、仪器仪表使用费

B. 由于施工机械故障导致的机械停工费

C. 承包人管理不善造成材料损坏失效

D. 法定人工费增长

E. 施工机具保养费用

12. 根据《建设工程工程量清单计价规范》（GB 50500—2013），因不可抗力事件导致的损失及增加的费用中，应由承包人承担的有（　　）。

A. 合同工程本身的损害　　B. 承包人人员伤亡

C. 工程所需清理和修复费用　　D. 承包人的施工机械设备损失及停工损失

E. 停工期间承包人应发包人要求留在施工现场的必要的管理人员的费用

13. 根据“FIDIC《施工合同条件》（2017 版）”中承包商向业主索赔可索赔的明示条款，下列引起承包商索赔的事件中，可以同时获得工期、费用和利润补偿的索赔事件有（　　）。

A. 部分工程的接收　　B. 现场进入权被推迟

C. 考古和地理发现　　D. 竣工时间的延长

E. 工程照管的责任

# 参考答案

## 一、单项选择题

| 题号 | 1 | 2 | 3 | 4 | 5 | 6 | 7 | 8 | 9 |
|---|---|---|---|---|---|---|---|---|---|
| 答案 | A | A | C | A | A | A | B | D | C |
| 题号 | 10 | 11 | 12 | 13 | 14 | 15 | 16 | 17 | 18 |
| 答案 | C | C | D | A | C | A | D | D | C |
| 题号 | 19 | 20 | 21 | 22 | 23 | 24 | 25 | | |
| 答案 | C | C | C | C | C | B | A | | |

## 二、多项选择题

| 题号 | 1 | 2 | 3 | 4 | 5 | 6 | 7 | 8 | 9 |
|---|---|---|---|---|---|---|---|---|---|
| 答案 | ACD | ABE | ADE | ACE | ABCE | CE | ABC | DE | ABCD |
| 题号 | 10 | 11 | 12 | 13 | | | | | |
| 答案 | BE | AD | BD | BE | | | | | |